关于中国产业集群现象的逻辑思考

从纺织行业谈起

陈树津　著

GUANYU ZHONGGUO CHANYE JIQUN XIANXIANG DE LUOJI SIKAO

CONG FANGZHI HANGYE TANQI

中国纺织出版社有限公司

内 容 提 要

本书介绍了迈克尔·波特的产业集群理论，并认为产业集群就是产业经济发展的一种空间组织形式。书中采用翔实的资料，以我国纺织工业的产业集群为例，分析了我国在社会主义市场经济条件下，众多产业集群地区能够成功发展也是有条件的，此间存在一定的逻辑联系，从而提出若“打造”产业集群经济，应遵循这些逻辑关系。另外，书中还用一定篇幅介绍了中国纺织工业联合会及一些地方协会组织的工作，这不仅因为协会是产业集群中的一个组成因素，更重要的是，在社会主义市场经济中，产业协会在整个产业经济中起着非同一般的作用，政府应充分发掘并支持其发挥作用，这对发展产业经济十分重要。

图书在版编目（CIP）数据

关于中国产业集群现象的逻辑思考：从纺织行业谈起 / 陈树津著．-- 北京：中国纺织出版社有限公司，2020.12

ISBN 978-7-5180-8102-8

Ⅰ．①关… Ⅱ．①陈… Ⅲ．①产业集群—研究—中国 Ⅳ．①F269. 23

中国版本图书馆 CIP 数据核字（2020）第 209616 号

责任编辑：孔会云　　特约编辑：陈怡晓
责任校对：楼旭红　　责任印制：何　建

中国纺织出版社有限公司出版发行
地址：北京市朝阳区百子湾东里 A407 号楼　邮政编码：100124
销售电话：010—67004422　传真：010—87155801
http://www.c-textilep.com
中国纺织出版社天猫旗舰店
官方微博 http://weibo.com/2119887771
北京玺诚印务有限公司印刷　各地新华书店经销
2020 年 12 月第 1 版第 1 次印刷
开本：880×1230　1/32　印张：4.625
字数：87 千字　定价：48.00 元

凡购本书，如有缺页、倒页、脱页，由本社图书营销中心调换

目　录

引　子

20世纪80年代末90年代初，美国哈佛商学院迈克尔·波特教授在他著名的《国家竞争优势》一书中提出了“产业集群”的概念，与他创立的竞争理论——“钻石理论”一起在国际经济界引起了极大的反响。特别是在21世纪前后，我国正如火如荼地进行中国特色社会主义市场经济建设之时，“产业集群”一词频频出现在文件、报刊、广播电视中，代替了曾经使用的“产业集聚”“块状经济”“特色经济”等概念，被广泛利用，经久不衰，在国家战略发展层面上，也提出“建设新型产业集群”“培育世界级产业集群”的要求。

“产业集群”确实是一个伟大的称呼，精彩之处就在“群”上。《新华字典》对“群”字的解释为“相聚成伙的，聚集在一起的”。《辞海》中“群”字的第一个注释就是“合群”。

“群”本是一个现象描述，如狼群、羊群、人群等，对出现“群”之现象描述时，往往是褒义的。《成语词典》中带“群”字的成语有七八十个，很多都是褒义的，如“群英荟萃”“群策群力”“群威群胆”“博览群书”“敬业乐群”“群星璀璨”“博采群议”“群贤毕集”“群而不党”，还有许多词也无贬义，如“卓尔不群”“逸群之才”“孤傲不群”“鹤立鸡群”“轶群绝类”“群龙无首”等，即使是“恶”成“群”的，也以鞭挞，如“群魔乱舞”。词汇是大众创造出来的，可见古往今来，人类是向善的，向“群”的。

我国近代极具影响力的资产阶级启蒙思想家、著名的翻译家、教育家严复，在翻译英国博物学家、教育家赫胥黎的《进化论和伦理学》为《天演论》中，多次提到“群”说。其上下卷共三十五节中，先后四次冠以节名，即上卷“蜂群第十一”“人群第十二”“善群第十七”，下卷“群治第十六”。无论是严复翻译的《天演论》，还是他在其中加的按语（书中称复案）都对成“群”持以褒义、赞赏的态度，并主张人类还要更进一步，要“善群”“群治”。比如说“盖人之所以为人者，以其能群也。第深思其所以能群，则其理见矣”❶，译成白话就是，人之所以能由人猿进化成人，就在于他们能够合群相助，成立社会缘故。只要仔细思考人类为何能建立社会，个中道理便明白地表现出来了。又如“天之生物，以群立者，不独斯人已也。试略举之：则禽之有群者，如雁如鸟；兽之有群者，如鹿如象，……，昆虫之有群者，如蚁如蜂。凡此皆因其有群，以自完于物竞之际者也”❷，正是雁、鹿、象、蚁、蜂等都极富群体意识，因此它们才能在大自然激烈的生存竞争中有效保存自己的族群。还如“盖以谓群治既兴，人人享乐业安生之福”❸，就是说社会治理既然兴起，人人就可享有安

❶ 人民日报出版社《天演论》，第 152 页。
❷ 同❶。
❸ 人民日报出版社《天演论》，第 179 页。

居乐业的福祉。严复在译“善群第十七”中，加按语说，“赫胥黎氏是篇，所谓去其所傅者，最为有国者所难能。能则其国无不强，其群无不进者。”[1]，联系整节文之意，就是说抛弃那些阻碍物是治国者难以做到的，如果他们真能做到依靠民众的力量，那么他们的国家没有不强盛的，他们的社会没有不进步的。自然界中“物竞天择，适者生存”，无疑，能“群”者往往是能“适”者。

上面所述的内容，与波特教授在《国家竞争优势》中提出的一些国家的产业之所以具有竞争优势是和其产业集聚密不可分的论断，其内涵是如此相近。而波特教授在讲现代产业非常巧妙地采用了这个“群”字，并且赋予了“产业集群”完整的概念，这是对市场经济理论做出的重要贡献。

改革开放以来，我国产业集群经济取得了飞速发展，创造了很多教科书般的经典案例。实事求是地讲，开始的时候并没有什么经济理论指导，波特教授的理论传来之后，也不是很快被大家所了解。但是由于广大基层党政领导、经济工作者和企业所有者敢于闯进市场竞争的大舞台，敢于创新、摸索、总结和提高，走出了一条具有中国特色的产业集群经济发展道路。

我认为，“产业集群”（包括各类园区）归根结底是在经济活动中的一种空间组织结构形式。产业集群和竞争优势是形式与内容的关系。内容是核心，优秀内容通过好的形式得以实现；而好的形式能够促生优秀的内容。波特是通过对多国经济发展（不包

---

❶ 人民日报出版社《天演论》，第158页，159页。

括我国）的调查和对国家竞争优势的深入研究，提出了“产业集群”是实现竞争优势的最好形式，他说：“各国竞争优势形态都是以产业集群的面貌出现的，这种相关产业集聚在一起的现象十分普遍”[1]。而我国则是在改革开放以后，不断深化社会主义市场经济体制改革中，大胆探索并吸收了一些计划经济时期建设发展的有益方法，有意或无意“打造”出了这种组织结构形式。因此，我国经济发展中，快速而广泛地形成了众多产业集群，特别是制造业，促进了产业的快速发展。大量实践表明，产业集群这种组织结构形式具有强大的优越性，它使所在地区成为产业快鱼，在市场经济中占取先机。然而，既然有“打造”的成分在内，主观而错误的判断和行动必然会产生失误之处，如此看来，能够吸取教训，科学“打造”是非常重要的。

我国现在是世界第一制造大国，成百上千种产品成为世界“单打冠军”，产业集群经济做出了重要贡献。特别是纺织工业，2018年纤维加工量已近6000万吨，占全球的一半以上，这可以说是整个中国纺织行业集群的成就，同时也可以看出其中以县镇区域经济为主的纺织产业集群地区功不可没。因此，从纺织业入手，对产业集群经济做深入研究探讨，无论对现在或将来中国的经济，特别是制造业的发展都是有益的，对经济发展相对较差，水平不高的地区也是有帮助的。

[1] 中信出版社《国家竞争优势（第2版）》，上册，第133页。

第一章

PART 1

我国产业集群形成的历史渊源

第一节　封建社会的手工业

我国是拥有五千年文明史的国家，数千年以来，在国际上社会生产力并不落后，直至第一次工业革命后方始掉队。有资料说，康乾盛世时，其生产总值占世界近三分之一。

早在两千年以前，手工业发端之际，一些同类产品生产聚集在我国开始显现，并且在隋唐时期大量形成。

比如瓷器。在东汉时期（公元25～220年）就已经出现了。浙江省绍兴市上虞区是世界青瓷之源，迄今为止在曹娥江两岸发现散落有近400处青瓷窑址，仅上浦镇13个行政村中就发现12个村有古窑址，有价值的古窑址达66处，其中小仙坛窑址为国家级文物保护单位。陕西耀州（现铜川）是我国北方青瓷主要产地，唐代时黑瓷居多，宋代时青瓷被列为贡品，中心窑场黄堡镇沿漆水河岸10多平方千米的峡谷地，层层布满了唐宋时期的瓷窑和作坊，古称“十里窑场”。三次考古发掘耀州窑遗址共出土各历史时期的文物标本300余万件（片）。河南省禹州市是我国钧釉瓷器的中心产区，多次考古发掘，禹州境内分布古窑址152处，钧台钧窑为第三批全国重点文物保护单位。江西景德镇五代时期生产瓷器，到宋代已经发展成“村村窑火，户户陶埏”的规模，入明之后，散落在乡村的小窑作坊集中到城区，形成了众多的手工业工场，“窑户与铺户当十之七八，土著十之二三”，日渐成为“十八省码头”的陶瓷大都会，举世闻名。其中景德镇御窑遗址已列入“中国世界文化遗产预备名单”。

再如纺织品。距今6000年前，人们已经开始利用麻纤维分扯辑理，绩成纱线，搓成绳索，结网编衣。黄帝时期其妻嫘祖就已传授种桑养蚕之法，抽丝编绢之术。进入封建社会，生产力逐渐提高，纺织生产聚集地不断涌现，产品丰富，特色鲜明。江浙丝绸、湘赣麻业、沪松棉纺千百年来被人熟知，而“蜀布”“夏布”“吴绫”“濮稠”等早已名扬天下。古曰“晴翻千尺浪，风送万机声”“日出万匹、衣被天下”“水乡成一市，罗绮走中原”也是纺织业集聚生产的最好写照。

我国著名历史学家范文澜先生（1893～1969年）所著《中国通史》中唐朝经济（下）中写到，“唐朝手工业比前朝代都有显著的发展，南方手工业特别显示出它的重要地位，南北技艺交流，推动了手工业前进。”[1]。范文澜先生又写到，“七四三年（天宝二年），韦坚[2]引望水到浐春楼下，积成广运潭。唐玄宗登楼看新潭。韦坚聚江淮漕船数百艘，使一个官员坐第一船作号头，口唱《得宝歌》，船上有盛妆美女一百人和歌，鼓笛及外国音乐齐奏，来到望春楼下，后面漕船各写郡名，依次衔尾前进。船上满

---

[1] 人民出版社《中国通史》第3册，第304页。

[2] 韦坚，唐朝时期大臣，京兆万年（今陕西西安）人，曾任陕郡太守，水陆转运使。

载本郡特产，如广陵郡（治所在今江苏扬州市）船载锦、镜、铜器、海味，丹阳郡（江苏镇江市）船载京口绫衫缎，晋陵郡（江苏常州市）船载折造官端绫绣，会稽郡（浙江绍兴市）船载铜器、罗、吴绫、绛纱，南海郡（广东广州市）船载戴瑁、珍珠、象牙、沉香，豫章郡（江西南昌市）船载名瓷、酒器、茶釜、茶铛、茶碗，宣城郡（安徽宣城县）船载空青石、纸、笔、黄连，始安郡（广西壮族自治区桂林市）船载蕉葛、虫井蛇胆、翡翠。吴郡（江苏苏州市）船载方丈绫。漕船来自数十郡，驾船人都是南方装束，戴大笠子，着宽袖衫、草鞋。漕船排列在楼下，京城百姓从来没见过船桅，看如林的桅杆看呆了。韦坚奏上诸郡轻货，府县乐队和教坊（宫中乐队）相似奏乐，唐玄宗大喜。这是一次盛大动人的南方手工业品和特产的水上展览会。”[1]《中国通史》的这番描述，充分说明距今一千三百多年前的唐朝中期，我国各种特色的手工业产品在民间生产聚集的状况已经相当普遍。

盛唐时期不仅民营手工业发达，官营手工业规模也相当可观。据《中国通史》介绍，凡属于百工的事业，都设有专官掌管，如织染署、掌冶署、中尚属、左尚署、右尚署，而少府监（尚方监）总职掌管百工技巧的政务。《唐六典》提到，少府监有匠一万九千八百五十人，这些工匠都是从全国工匠中选拔出来的，在原住州县专立户籍，按番到监服役，为宫中或朝廷生产物品，颇有去我们现在所说的“工业园区”上班之意。无疑，朝廷

[1] 人民出版社《中国通史》第3册，第304页，305页。

集中生产手工艺品之地，乃是全国最高技艺水平的生产聚集地。由此可见，我国之所以能在很短时间内形成众多产业集群和各类园区，还是有一定历史精神传承的。

我国封建社会出现这些手工业产品生产聚集地，主要是因为某地自然环境，特别是盛产某种原料而已，但这也是现代社会形成产业集聚现象的起因之一，波特在举例产业集群典型，如意大利瓷砖业、瑞典林业等时也认可这一点。

第二节　半封建半殖民地时期的民族工业

1840年发生鸦片战争后，中国沦为半封建半殖民地国家，民族工业在外国商品和资本的挤压下艰难发展。19世纪后半叶，西方国家已经完成了第一次工业革命，特别是在机器纺织工业方面成绩斐然。我国由于门户已开，机器纺织业逐渐进入，无论是官办还是民办纺织业，虽然总体规模不大，也还是围绕纤维原料产地或市场活跃的地区建厂。比如清朝洋务派代表人物左宗棠、李鸿章、张之洞等官办的甘肃织布局、上海织布局、湖北纺织局等，都是选择毛棉产地或市场发达地区，而民间资本的发展也体现了一些聚集发展的思路。

19世纪70年代，中国蚕丝主产区之一的广东南海地区，陈启源就开始建设机器缫丝厂，并在民间得到推广，到1902年，珠江三角洲的缫丝厂发展到68家，缫丝车三万四千多台。19世纪末期，棉纺织业在上海、江苏等地陆续聚集发展。南通的张謇在1895年建设大生纱厂，到1925年先后建了4个厂；无锡荣氏家族从1915年到1932年在上海建了9个厂；上海郭氏家族从1922年到1937年建了5个纱厂，常州刘国钧也建了4个厂。围绕棉纺织业也发展了针织、印染、袜业等行业，还发展毛、麻、丝等纺织业，与国外资本竞争。据资料记载，1949年上海就有各类纺织企业达4552家，1949年天津纺织工业大小工厂共计1428家，1951年青岛也有纺织企业499家，苏州市1949年则有丝绸厂99家。

为了增强产业发展竞争力，有识之士也注意到了人才的培养和教育。比如有“兴国兴业”思想的张謇提出了“父实业，母教育”，1912年在南通创办了“纺织传习所”，后为“南通纺织工业学校”。1930年4月20日，全国的纺织业界人士还在上海成立了“中国纺织学会”。

然而，这段历史时期政府腐朽，国力衰败，民族资本孱弱，民不聊生，整个国家经济落后，纺织产业还算稍有作为。

第三节　中华人民共和国计划经济时期的产业发展

中华人民共和国成立后，面对的状况是国内一穷二白，百废待兴却毫无工业基础，国际上被帝国主义全面封锁，且还要抗美援朝，保家卫国。形势十分艰难。

我国是新成立的社会主义国家，没有经济建设经验，全盘向苏联学习，实行公有制和计划经济。计划经济的实质是政府配置资源，但也有一个显著的特点，或者说一个很大的优势，就是可以集中力量干事情，因为是公有制，政府不仅可以确定经济结构、产业结构、生产组织形式，而且还可以对项目实行全额投资，一旦目标确定，往往很快可以达成。中华人民共和国建设前期就很好地发挥了这个优势，特别是纺织工业，成绩相当显著。

1949年中华人民共和国成立，纺织工业就被列入国家经济建设的重点之一，1949年11月1日，主管全国纺织工业的纺织工业部就正式办公了（纺织工业部是中华人民共和国中央政府第一批部委之一，而且部址定在东长安街上，隔着公安部就是天安门广场，可见纺织工业地位之重要）。在纺织工业部的组织领导下，集中财力、物力和人力，把纺织业布局在若干地方，快速发展起来。

1949年我国只有棉纺锭499.6万锭，毛纺锭12.93万锭，经过自力更生，到1962年第二个五年计划结束，短短十三年，棉纺锭达969.6万锭，翻了一番，毛纺锭达24.72万锭，也翻了一番。

又经过60年代、70年代波折不断地发展建设，到改革开放前夜，我国纺织工业已经成为国际纺织业界的重要一员了。1977年世界总计棉纺锭（环锭）15199万锭，我国有1499.1万锭，占比为9.86%；总计织布机307.3万台（其中自动织机为64%），我国有48.19万台（其中自动织机为79%），占比为15.68%。

中华人民共和国成立三十年，纺织工业之所以发展较快是与“基地”建设密不可分的。这些基地分为两种：一种是过去就有一定纺织产业基础的地区，如上青天（即上海、青岛、天津）、苏锡常通（江苏省的苏州、无锡、常州、南通）、沈阳、大连、武汉、重庆、佛山等这些“老基地”；另一种是过去没什么基础的地区，如北京、石家庄、邯郸、郑州、西安、咸阳等这些“新基地”。经过近三十年的建设，这些基地占据了全国纺织产品生产的绝大部分份额。像北京、河北、河南、陕西这四个新发展的地区，1949年棉纺锭只有16.24万枚，只占全国的3%，到1978年底已发展到336.03万枚，占全国的21.51%，棉纱产量占全国的22.9%，棉布产量占全国的22%，印染布产量占全国的21.3%。

在计划经济体制下，中国纺织工业的组织领导者在计划加快纺织生产能力建设的同时，也充分考虑了产业链的完善、相关产业的配套，考虑了科技机构的建设，考虑了纺织专业高等教育、中等教育学校的建设以及新工人的培养。

从全国整体纺织工业来说，从50年代开始就相继建设了中国纺织科学研究院、中国纺织工业设计院，还有机械研究所、器材研究所、棉纺研究所、毛纺研究所、针织研究所、印染研究所、丝绸研究所等专业科研单位，1960年，全国不同专业、不同规模的科研机构有60多个，到1981年发展到97个。相继建成了纺织工业部直属的八个高等专业学校，数十所中等专业技术学校，还有各地办的成百所纺织技校（大型企业几乎都有厂办技工学校），三十年来培养了大批的高中级技术人才和技术工人。组建了直属的纺织机械制造企业队伍，近20家企业生产棉纺织、毛纺织、丝绸业、针织业、印染业等十多个行业需要的设备，70年代就有成套的设备出口援外。在纤维原料方面，为了解决天然纤维的供应不足，五六十年代抓人造纤维的生产，在南京、新乡、保定等地建设化纤厂，1972年又开始上海石化总厂、天津石化总厂、辽阳石化总厂和四川维尼纶厂这四大化学纤维厂的建设（1984年划归石化部门管理）。

从各个生产基地来看，也基本上是这种配套建设的形式。比如老基地上海市，拥有棉纺织、毛麻纺织、丝绸、针织、化学纤维、印染、服装、手帕、线带等行业，建设了大量的生产企业，产业链完整，堪称全国最为全面的纺织产品生产基地，而且有相当实力的纺织机械和器材工业公司，其能力仅次于纺织工业部直属的纺织机械工业公司，上海市建有纺织科学研究院、纺织建筑设计研究院，若干个纺织行业研究所，1952年在迁来的南通纺织工业学校的基础上建立了华东纺织工学院（先后改名为中国纺织大学、东华大学），现在是世界上最著名的纺织专业院校，国家“211工程”大学，还有各类纺织工业学校和技工学校，培养了大批技术人员和操作工人。老基地天津市也是如此，不仅纺织产品生产门类齐全，而且纺织机械器材工业公司、纺织研究所、天津纺织工学院、纺织工业学校、纺织技工学校，各种企事业单位齐全，实力也很强。新基地同样如此建设，以郑州为中心的河南省区域有相当的纺织机械制造生产能力，有相应的研究所，有郑州纺织工学院及各类纺织工业学校、纺织技工学校。以西安咸阳为中心的陕西省区域，也有很强的纺织机械器材生产能力，有面向全国的纺织器材研究所，有西北纺织工学院及各类纺织工业学校、技工学校。

从以上情况可以看到，中华人民共和国成立后，纺织工业的领导者，具体地说，就是以钱之光为代表的纺织工业部领导（钱之光从1949～1981年为纺织工业部主要领导），在纺织工业发展的一个历史阶段中，坚持不懈抓基地、抓纺机、抓原料、抓科技、抓教育，使得中国纺织产业到改革开放前期，已经形成了比较完整的工业体系（包括化学纤维生产和纺织机械设备制造），为日后真正跨入国际市场，参与国际竞争打下了良好的基础。

这里要说的是，我国计划经济时期纺织工业的发展思路，与现在发展产业集群的思路在本质上是不是很相似呢？这个问题将在第四章再做进一步探讨。

第二章

PART 2

迈克尔·波特关于产业集群的相关论述

波特教授的“产业集群”理论是20世纪90年代产生的，他是从资本主义市场经济发展实践中总结出来的，现在也得到我国理论界和实业界的普通认可和接受，因为他确实客观地描述和揭示了在市场经济条件下发生的现象。在此把他的相关理论简要地介绍一下。

第一节　钻石理论

“钻石理论”是波特在《国家竞争优势》一书提出的核心理论，而“产业集群理论”是围绕它引而出现的。因此，了解“产业集群理论”必先认识“钻石理论。”

为什么提出“钻石理论”？波特说：“我力主竞争优势应该是一国财富的源泉”❶，而“钻石体系打造国家优势”❷。

什么是“钻石理论”？波特说：“国家的财富主要取决于本国的生产率和一国所能利用的单位物质资源”，而“国家或地区竞争环境如何，与其生产率的增长密切相关”❸。竞争环境有哪些内

❶ 中信出版社《国家竞争优势（第 2 版）》，上册，新版序，第XV页。
❷ 中信出版社《国家竞争优势（第 2 版）》，上册，第 64 页。
❸ 同❶

容？波特把它归纳为四个关键要素，并且用其组成的钻石形象来加以描述，因此称为“钻石理论”（图1）。

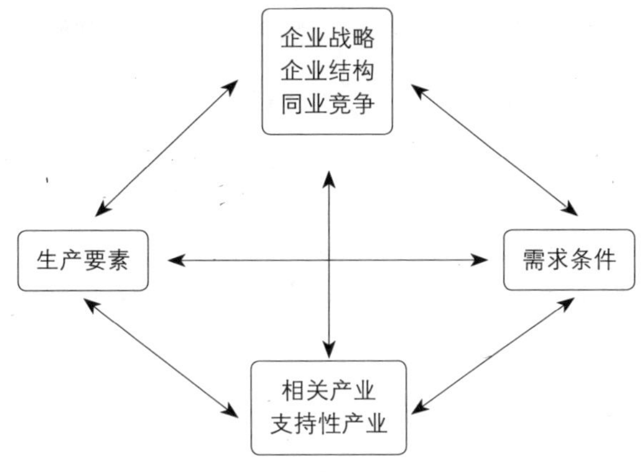

图1　国家优势的关键要素[1]

钻石体系四大关键要素的主要内容。

（1）生产要素：特定产业竞争中有关生产方面的表现。生产要素可归纳为下列几大类：人力资源、天然资源、知识资源、资本资源、基础资源[2]。

（2）需求条件：对该项产业所提供产品或服务的需求。包括细分市场需求的结构、内行而挑剔的客户、预期需求[3]。

（3）相关产业与支持性产业：包括健全

这四个关键要素：一是生产要素，二是需求条件，三是相关产业及支持性产业，四是企业战略、企业结构和同业竞争。“钻石理论揭示出在某一区域的某一个特定领域影响生产

❶ 中信出版社《国家竞争优势（第2版）》，上册，第65页。
❷ 中信出版社《国家竞争优势（第2版）》，上册，第67–77页。
❸ 中信出版社《国家竞争优势（第2版）》，上册，第78–90页。

的相关产业和支持性产业、一流的供应商，相互关系和“提升效应”[1]。

（4）企业战略、企业结构、同业竞争：即企业如何创立、组织、管理，以及竞争对手的条件等[2]。

率和生产率增长的各个因素”[3]。

波特认为四个关键要素形成的“钻石体系”是关系建设一个优势国家或者一个国家的产业或产业环节能否成功的问题。但拥有钻石体系中的每一项优势，不一定就拥有了国际竞争优势。要能将这些因素交错运用，形成自我强化的优势，才是国外竞争对手无法模仿或摧毁的。同时，机会条件在许多产业优势上的影响力不容忽视；漠视政府经济政策对国家优势的影响，也是不切实际的。

因此，我们理解“钻石体系”的作用，一是要和形成竞争优势联系起来（这包括国家竞争优势或地域竞争优势、产业竞争优势）；二是要认识它是一个互动的体系，它内部的每个因素都会强化或改变其他因素的表现；三是钻石体系是要强化的，当竞争优势的关键要素逐渐消失时，产业本身的竞争优势也同时在退化。

在这个基础之上，波特还提出了两个其他因素，称为“机会角色”和“政府角色”，把这两个角色加进去，波特称为“完整

[1] 中信出版社《国家竞争优势（第2版）》，上册，第91–96页。
[2] 中信出版社《国家竞争优势（第2版）》，上册，第97–111页。
[3] 中信出版社《国家竞争优势（第2版）》，上册，新版序，第XV页。

的钻石体系”（图2）。他认为，“若要建立国家竞争优势，必须先能善用四大关键要素，加上机会、政府角色，彼此互动”[1]方可。

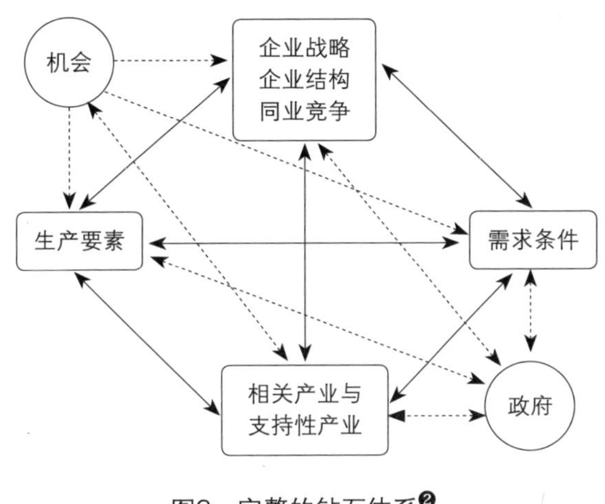

图2　完整的钻石体系[2]

第二节　产业集群理论

“产业集群”论述内容在《国家竞争优势》一书中大量反复出现，我把它主要归为以下几个方面。

首先是关于“产业集群”的概念

波特说，“在《国家竞争优势》一书里。我引进‘集群’概

[1] 中信出版社《国家竞争优势（第2版）》，上册，第115页。
[2] 中信出版社《国家竞争优势（第2版）》，上册，第114页。

念。集群即指在某一特定区域下的一个特别领域，存在着一群相互关联的公司、供应商、关联产业和专门化的制度和协会。”❶

从《国家竞争优势》全书中看，波特对产业集群的区域没有一个明确的划分，正像他说的，是“某一特定区域”，他列举某产业集群所述时，有时大到一个国家，有时小到一个城镇；同时，他对产业集群的领域也没有范围所限，即“一个特定区域”，可能某集群是一个行业或几个行业，也可能是一个很小众的品类；可能是加工业，也可能是服务业。

例如，波特在分析德国经济时是这样说的，“德国经济是高度集群化的，产业集群的数量也十分可观，最具主导型的产业集群是化工产业……。第二类重要的产业集群是金属、金属制品与相关机械以及冶金厂的建造等领域。第三类重要产业集群是由运输设备及其相关零件与机械工业构成的……。第四大类产业集群则是印刷品及印刷机器产业。”❷他又说：“德国的产业已高度集群化。德国的化学与塑胶产业不但具有强大的竞争力，在水泵、液体测量、调节设备、塑料制造机械、生产流程控制及热能转换机等相关产业的表现都很出色。德国的产业集群也有明显的地域化现象，但程度尚不如意大利。像雷姆沙伊德地区的工具制造业，菲尔伯特地区的锁匠工具业，图灵根地区的医药产品业及维茨拉尔地区的光学产品业，都是产业地域集中性的表现。”❸

❶ 中信出版社《国家竞争优势（第 2 版）》，上册，新版序，XⅥ页。
❷ 中信出版社《国家竞争优势（第 2 版）》，上册，第 326 页。
❸ 中信出版社《国家竞争优势（第 2 版）》，上册，第 340–341 页。

在说瑞士的产业集群时是这样讲的，“以一个人口只有600万的国家来说，瑞士能在很多产业中占有一席之地是件很不寻常的事。瑞士产业集群分布之广，远超过瑞典、丹麦和新加坡等其他小国。在瑞士具有竞争优势的产业集群中，最重要的一项是医疗保健相关行业……；其次重要的是纺织相关产业……；第三重要的产业集群是国际性商品服务……；第四重要的产业集群是高精密镀金属成品、工具、机床与综合商业的相关仪器设备……。在特殊化学产业集群中，瑞士也有出色的表现。”❶

还有，在描述美国优势的产业集群时说，“美国的食品饮料产业集群的出口和实力也领先于其他国家。”❷“美国另一个世界级的产业集群则是电脑与软件产业。美国其他具有强劲实力的产业集群还包括休闲娱乐产业、日用品、消费者服务及金融服务、管理顾问与会计等商业性服务产业。”❸

再例如，波特在书中说过“产业集群由纵向转为横向的水平发展，形成更新更大的产业集群”❹。也讲过“任何一个具有竞争优势的产业集群，都是由机械工业、专业元件和最终消费产品产业共同组成的”❺。在列表中也出现“在广义的产业集群下”❻这样的表头。

---

❶ 中信出版社《国家竞争优势（第 2 版）》，上册，第 287 页。
❷ 中信出版社《国家竞争优势（第 2 版）》，下册，第 30 页。
❸ 中信出版社《国家竞争优势（第 2 版）》，下册，第 31 页。
❹ 中信出版社《国家竞争优势（第 2 版）》，下册，第 73 页。
❺ 中信出版社《国家竞争优势（第 2 版）》，下册，第 54 页。
❻ 中信出版社《国家竞争优势（第 2 版）》，上册，第 267 页。

所以，我更认为“产业集群”就是在经济活动中的一个组织结构形式。这种形式对于在充满竞争的市场中是有充分优势的。我们既不要搞什么高端的、低端的产业集群分类，也不要搞什么产业集聚与产业集群的概念区别，这些都是没有什么意义的。

第二是关于产业集群的作用与优势

波特说：“最强劲的竞争优势通常来自产业集群，尤其是具有地理集中性的产业集群。”❶对于“产业集群”的作用和优势，他在书中讲了很多，我摘录其中一些精彩的评论。

“集群为政府组织、公司、供应商和当地的制度与协会等提供了一个具有建设性和可行性的共同舞台。”❷

“集群不仅仅降低交易成本，提高效率，而且改进激励方式，创造出信息、专业化制度、名望等集体财富。更重要的是，集群能够改善创新的条件，加速生产率的成长，也更有利于新企业的形成。”❸

“产业集群本身就有鼓励专业化和投资的效果。”❹

“当几种产业组成产业集群时所形成的共同的供应、技术和环境条件，也会促使政府、教育机构、企业和个人对生产要素和产生动力投入更多的资金。”❺

“产业集群主要的功能之一就是加速创新的速度，使企业有

---

❶ 中信出版社《国家竞争优势（第2版）》，下册，第98页。
❷ 中信出版社《国家竞争优势（第2版）》，上册，新版序，第XⅫ页。
❸ 中信出版社《国家竞争优势（第2版）》，上册，新版序，第XⅦ页。
❹ 中信出版社《国家竞争优势（第2版）》，上册，第135页。
❺ 中信出版社《国家竞争优势（第2版）》，上册，第120页。

更广的发展空间与方向。”❶

“对产业而言，地理集中性就好像一个磁场，会把高级人才和其他关键要素吸引进来。”❷

“客户、竞争者和供应商的集中可以提升效率和促进专业化。地理上的集中之后又加强了创新和进步的影响力。”❸

“由一群国内竞争者激发出各式各样的产品和服务的战略，不但有助于创新，更能形成防范外国产品侵入的保护网……，当竞争者互相激发好的点子并改进本身缺点时，整个产业的创新能力就逐渐成长。人才在企业之间的流动，又带给企业模仿对手长处的机会，同样有助于相关产业在信息和技能方面的流通和整合。企业垄断信息和技能的阶段结束时，也正是整体产业进入良性快速创新的时期。”❹

“一群本地企业彼此激烈竞争，往往会带动专业基础建设、加速流通的市场信息，而相关科技和专业人力资源也会快速发展。”❺

“产业集群内顺畅的互动机制会促使信息的流通更顺畅，缓和经济利益的冲突，为垂直或水平联结的公司创造合作与信任的空间。”❻

---

❶ 中信出版社《国家竞争优势（第2版）》，上册，第156页。
❷ 中信出版社《国家竞争优势（第2版）》，上册，第140页。
❸ 中信出版社《国家竞争优势（第2版）》，上册，第139页。
❹ 中信出版社《国家竞争优势（第2版）》，上册，第107页。
❺ 中信出版社《国家竞争优势（第2版）》，上册，第119页。
❻ 中信出版社《国家竞争优势（第2版）》，上册，第136页。

“产业集群的发展是循序渐进的，强势的上游产业会带动下游产业的实力。”❶

“一旦产业集群形成，集群内部的产业之间就形成互助关系。它的效应是上下左右四处展现的。”❷

第三是产业集群与钻石体系的关系

波特认为一个国家为什么能在某种产业的国际竞争中崭露头角，是因为四个关键要素组成的钻石体系打造了国家优势，而“钻石体系的基本目的就是推动一个国家的产业竞争优势趋向集群式分布”❸。他说:“一个国家的成功并非来自某一项产业的成功，而是来自纵横交织的产业集群。一个国家的经济是由各种产业集群所组成，这些产业集群弥补并提供竞争优势（当然也可能造成竞争劣势），反映了经济的发展。”❹波特在把钻石体系的各个关键要素分别描述分析后说，“要再三强调的是，钻石体系是一个互动的体”“地域上的产业集群中的重要性在于它加速了钻石体系内部各要素之间的互动。”❺。

由上述波特的论述可以看出，他把钻石体系和产业集群是紧密联系在一起的，也是非常推崇产业集群这样的经济发展方式的。

❶ 中信出版社《国家竞争优势（第2版）》，上册，第341页。
❷ 中信出版社《国家竞争优势（第2版）》，上册，第135页。
❸ 中信出版社《国家竞争优势（第2版）》，上册，第132页。
❹ 中信出版社《国家竞争优势（第2版）》，上册，第67页。
❺ 中信出版社《国家竞争优势（第2版）》，上册，第117页。

第三节 政府角色

在“完整的钻石体系”里，波特没有把政府列入四个关键要素之中，而是列为一个角色。他认为，“政府与其他关键要素之间的关系既非正面，也非负面”“政府的角色是正面还是负面，要看他对钻石体系的影响。它的意义也要根据公共政策的表现加以观察。”❶他肯定的结论是：“政府政策会影响国家优势，而且，它的影响力可好，可坏。”❷

为什么这样说，因为他通过许多实证研究。一方面政府可以成为“放松或扩大钻石体系的力量”❸，他说政府有许多政策工具可以运用，例如，“货币贬值、自由化、民营化、放宽产品和环境的标准、倡导企业之间各种形态的合作、鼓励合并、税制改革、区域发展、对进口产品设限，以及设立市场秩序、政府投资研发、努力改善一般的教育体系、以政府名义设立创业基金、更主动的国防采购，或其他形式的政府采购。”❹“当政府成为钻石体系的闸门时，它可以创造创新的机会和压力。”❺而另一方面，如

❶ 中信出版社《国家竞争优势（第2版）》，上册，第113页，115页。
❷ 中信出版社《国家竞争优势（第2版）》，下册，第131页。
❸ 中信出版社《国家竞争优势（第2版）》，下册，第134页。
❹ 中信出版社《国家竞争优势（第2版）》，下册，第133页。
❺ 同❸。

果政策使用不当，或受政府本身具有多重身份影响（例如既是本地产品规格标准制定者，也是国内市场的主要客户之一），就可能“使得政府既可能是产业发展的助力，也可能是障碍”❶。

波特还说：“政府政策的影响力固然可观，但也有它的限制。产业发展如果没有其他关键要素的搭配，政府政策再帮忙，也是扶不起的阿斗。如果政府政策是运用在已经具备其他关键要素的产业上面，就可以强化加速产业的优势，并提高企业的信心，但政府本身并不能够帮企业创造竞争优势。”❷

关于政府相对于产业集群方面，波特讲述了下列认识：

“国家的竞争优势不只存在于产业内部，也表现在产业集群上，政府也扮演着重要的角色。”❸

“产业集群的萌芽和成长通常是自然形成的……。然而，一旦产业集群开始成型，政府就有强化它的责任。最好的做法是在大学研究所、职训中心、资料库、专业性基础设施等专业性生产要素上进行大量投资。”❹

“当产业集群开始萌芽、运作时，政府政策的贡献很容易看到。如果产业集群并不存在，单凭政府政策，让新的产业集群由无到有的机会并不大。”❺

“要促进竞争优势，政府最好在提升产业集群、客户、供应

❶ 中信出版社《国家竞争优势（第2版）》，上册，第113页。
❷ 中信出版社《国家竞争优势（第2版）》，上册，第115页。
❸ 中信出版社《国家竞争优势（第2版）》，下册，第166页。
❹ 同❸。
❺ 中信出版社《国家竞争优势（第2版）》，下册，第167页。

商和相关产业等政策上齐头并进。”[1]

“最好的区域发展计划是标出产业实力的核心所在，并且在产业集群形成时投入资源，鼓励形成有地理集中性的产业集群。”[2]

第四节　如何认识产业集群理论

波特对产业集群这种方式是推崇的。他说：“集群既是一种经济发展的思考方式，又是引起变革的一种手段。”[3]他认为这已引起国际上的重视，从一些国家到地区“已有许多以集群为基础的相关提案”[4]，甚至连“世界银行也已经把集群作为其核心发展战略”[5]。但从书中可以看出他也有一丝隐忧，“当产业集群的地理集中性很显著时，它本身也隐含着自我崩溃的因子。”[6]“内向型的产业集群在应付结构变迁或重大机会时的能力相对薄弱……。当产业结构出现重大变化时，产业集群的优势往往随之易位。”[7]对产业集群问题他也直言说：“对集群进行理论分析和实证研究，

---

[1] 中信出版社《国家竞争优势（第2版）》，下册，第167页。
[2] 中信出版社《国家竞争优势（第2版）》，下册，第168页。
[3] 中信出版社《国家竞争优势（第2版）》，上册，新版序，第XⅦ页。
[4] 中信出版社《国家竞争优势（第2版）》，上册，新版序，第XⅨ页。
[5] 中信出版社《国家竞争优势（第2版）》，上册，新版序，第XX页。
[6] 中信出版社《国家竞争优势（第2版）》，上册，第153页。
[7] 同[6]。

是我的一个新的研究方向。通过对集群做更进一步的了解，我们可以采用适当的公共政策和民间行动，共同促成生产率的提高与发展。”[1]

我们从《国家竞争优势》一书中可以看到，波特研究产业集群问题，基本上是基于资本主义市场经济的国家，如美国、英国、德国、意大利、瑞典、瑞士、丹麦、日本、韩国、新加坡等，而缺乏曾经是计划经济而后转为市场经济的国家，特别是实行有自己特色的社会主义市场经济的中国。客观地说，产业集群现象不是资本主义制度下市场竞争中独有的。本书在第一章第三节中提出了计划经济时期，我国纺织工业在政府的主导下也形成了这种经济现象，只是没有这样命名而已。现在大家都比较公认产业集群理论的成立，那么把社会主义市场经济中的产业集群现象也作为其中的实证加以研究，应该是对其理论的丰满和完善。

[1] 中信出版社《国家竞争优势（第 2 版）》，上册，新版序，第 XXIII 页。

第三章 PART 3

我国产业集群经济发展的特色

在前面已经讨论到，产业集群经济现象在我国是有着历史渊源的。波特所说的产业集群概念，在我国实行计划经济时已具备了这样的实证，例如纺织行业。因为该理论是基于市场经济之上总结而成的，所以当我国的经济体制从计划经济转向市场经济之后，产业集群经济又一下爆发了，而这出色的表现也充分说明了产业集群是经济活动中一种非常好的空间组织结构形式。

这次爆发是有我国具体情况背景的，因而中国纺织产业集群经济是有中国特色的，不身临其境、深入其境难以总结出来。

第一节　基本经济制度

2019年10月，中国共产党第十九届四中全会通过的《中共中央关于坚持和完善中国特色社会主义制度　推进国家治理体系和治理能力现代化若干重大问题的决定》（以下简称《决定》）中指出，中国特色社会主义制度是党和人民在长期实践探索中形成的科学制度体系，我国国家制度和国家治理体系具有多方面的显著优势。《决定》共总结出12条显著优势，其中一条是，坚持以公有制为主体、多种所有制经济共同发展和按劳分配为主体、多种分配方式并存，把社会主义制度和市场经济有机结合起来，不断解放和发展社会生产力的显著优势。这条优势是改革开放以来实践充分证明的。1978年党的十二届三中全会以后，开始对单一公有制的所有制形式进行改革，鼓励、支持、引导非公有制经济发展。1997年党的十五大第一次明确提出，公有制为主体，多种所有制经济共同发展，是我国社会主义初级阶段的一项基本经济制度，这项基本制度的形成和确立，保障我国走上了有中国特色的社会主义市场经济之路。

改革开放四十年来，非公有制经济快速发展，民营经济从小到大，从弱到强，到2017年底，我国民营企业超过2700万家，个体工商户超过6500万户。民营经济创造了我国60%以上的GDP。缴纳了50%以上的税收，提供了80%以上的就业岗位。纺织行业是其中具有代表性的行业。过去在行业里，除了为自己生活而从事私人裁缝或织土布、打毛衣等个体外，全是公有制企业（包括国有企业或城区乡镇集体企业）。而后，非公有制企业大发展，国企和集体企业也纷纷改革、改制，如今，在全国几十万户的纺织企业中，国有企业已经很少了［2010年统计时，全国规模以上的纺织企业5.3万家，其中国有企业（包括国有控股企业）还有643家，过了几年还剩400多家，现在没有统计数了，而规模以下的纺织企业全是非公有制企业］。由于占全部企业绝对多数的是新生企业，所以在以县镇区域为主的几百个纺织服装产业集群地区，二三十万个企业中，是清一色的非公有制企业。

因为我们国家的伟大创举从而形成的基本经济制度，使得产业集群经济在我国迅速繁荣起来，并不断发展和壮大，成为经济发展可靠的保障。

第二节　内在动力

中华人民共和国成立以后，中国人民的生活逐步得到改善，贫富差距也越来越小。但由于种种原因，改革开放前的中国处在短缺经济之中。经济体制上是单一公有制，政府配置资源，计划生产、计划分配、统一市场、统一供应，人民的生产积极性一定程度上被束缚住了。邓小平同志提出了社会主义初级阶段理论，并且讲贫穷不是社会主义，于是党中央有了改革开放的决心和行动。由于各项改革开放政策的实行，打破了禁锢，唤起了人民改善生活、走富裕道路和加快生产的热情。特别是实行以公有制为基础，多种所有制经济共同发展的经济体制改革，又一次为人民的积极性释放打开了闸门。当人们为实现发家致富梦想，乐于创业、乐于生产的时候，迸发出来的那种力量是巨大的。

辽宁省海城市西柳镇是农村，有个叫丁其山的农民，由于生活负担很重，想办法赚钱，在两个女儿的帮助下，加工出一条裤子拿到集市上去卖，这是海城第一条由个体服装户生产的商品裤，这事发生在1978年改革开放元年。在他的影响下，远近农民纷纷加工服装出售，丁其山就此成为海城个体服装加工、销售第一人。几年下来，这里的农民创办了自己的纺纱厂、织布厂、印染厂、服装厂，在政府的主导下，创办了西柳服装市场。到1984年末，海城市个体服装加工户达650户，年加工能力18万件，西柳市场经营商户3000余户，年交易额4亿元。十年后，1995年末，海城纺织企业已近千家，个体户5000家，从业人员4万人，西柳市场摊位达1.6万个。进入21世纪，特别是中国加入世界贸易组织后，海城西柳面向全国和国际，充分竞争，取得大发展，享有"中国裤业名镇""中国棉服名镇""国家外贸转型升级基地"等称号。2015年末，海城市的纺织企业和个体户达7100户，各类从业人员达19万人。2018年度，海城市在全国综合实力百强县排名第10名，西柳镇在全国千强镇中排名第83名（新华网客户端，2018年10月9日）。

浙江省嵊州市位于浙江省东部，历史上有植桑养蚕传统，因此，近代产生了一批经营丝绸的商人，这些人大多在香港地区经商。改革开放后，港商经常回乡探亲，与内地联系日渐增多，1984年港商卢陆先生在嵊州创办了"浙江佳友领带有限公司"，这是第一家内地和香港合资的领带企业，由此，嵊州领带产业开始起步。当时嵊籍港商主要在深圳开设领带厂，吸纳了大批嵊州农村劳动力，这些嵊州人，不仅在深圳掌握了领带制作的基本技术与技能，还积累了经营管理经验，甚至结识了一批客户。看到领带有这么好的市场，一些人后来纷纷回乡创办领带生产厂。企业数量不断增加，生产规模不断扩大，配套生产越来越强。到2007年，全市统计已有1000余家领带企业，领带年产量近3亿条，占国内总产量的90%，占国际总产量的40%，产品远销80多个国家和地区。全市74万人口，直接从事领带生产加工的人员约5万人，至少有10万人的生计依附于领带业，成为全国独一无二的“中国领带名城”，到2018年，嵊州市不断提升生产水平，占据国际市场份额已达70%。

河北省清河县历史上是土地瘠薄、资源匮乏、交通不便的穷乡僻壤。20世纪70年代初，清河人曾经在“无工不富”的思想影响下，办了一些社队副业，但是1975年被批“资本主义”倾向。改革开放调动了清河人发展企业的热情。1978年桥东办事处戴屯村农民业务员代子禄赴内蒙古为社队工副业购买退役设备时，发现当地弃用的羊绒下脚料中有短绒，就拉回了4吨，然后大胆研究，反复试验，竟然用棉纺织梳棉机改造为盖板梳绒机梳出了1吨多羊绒。他的成功成为清河县发展羊绒产业的火种，快速形成燎原之势。许许多多清河人投入到了羊绒收购、分梳的队伍，他们把全国一半的羊绒收购到清河。到1988年，全县梳绒机达到1.5万台，生产量占全国的50%以上。2018年，全县从事羊绒产业的人员达10万多人，年加工多种动物纤维5万多吨，是全国最大的供应动物纤维初级加工产品的基地，同时，清河县的毛纱、毛呢、毛衫业也逐步发展起来。

上述三例，似乎可以感到纺织产业集群崛起背后有着实实在在的成就之人。我们看到了两个群体，一个是企业经营者群体（包括技术人员），一个是企业生产者群体。

中国纺织工业联合会[1]在2012年全国纺织行业产业集群试点工作十周年时统计，189个试点县镇地区共有18万户纺织服装企业，几乎全部是民营企业（其中少数是外资企业）。这些企业的经营者可以称为“能人”，他们善于用脑，敢闯敢拼，能抓住机会，事业有成，同时在经济上显然他们都进入了程度不一的富裕阶层，即使稍差的，也达到中产阶级水平。在这189个试点地区中还有产业工人达800万之多，基本来自当地农村和外来打工者，他们怀揣着寻找人生出路，多赚钱，改善家境的简单目的，进入大大小小的民营企业，辛苦劳作，这些人每年工资总额也有几千亿人民币，尽管经过了相当长的一段缺保险、少福利、加班时间多、公休日极少的时期，但计件收入多劳多得也确实让他们赚到了钱，提高了自己和家人的生活水平。

然而，我们不可忽视的还有另一个群体，这就是那些有相当觉悟和工作热情的县镇基层党政领导和工作人员组成的群体。为人民服务是他们的宗旨，为官一任，造福一方是他们的动力，如何让百姓富裕是他们日思夜想的事情。他们许多人既有着敏锐的眼光、执着的干劲，也有着无工不富的焦虑、急于求成的心态。因此，在诸多区域才会出现大胆规划当地经济，千方百计招商引

[1] 中国纺织工业联合会以下简称“中国纺联”，本章第五节将详细介绍。

资，恢复强化传统特色，无中生有开辟新业，甚至不按套路出牌、盲目蛮干等现象，面对改革开放，大家都是探索者，因此无论如何评价，他们的使命感和举动也成为产业集群经济发展的强大推手。

浙江省海宁市马桥镇在杭嘉湖平原上，20世纪90年代初还是个脏、破、小、穷的地方，40平方千米，3万多人，没什么工业。1992年沈顺年被派到这个小镇当镇长，他是崇尚着“当官不为民做主，不如回家卖白薯”的信念和母亲临终对他“你要好好做事”的叮咛去上任的。在没日没夜、大量烦琐事务中，他始终没忘让老百姓如何富起来的使命。当地织造化纤蚊帐的小厂让他知道了什么是经编，外地纺织机械厂的销售员和镇里领头的锦达经编厂负责人让他了解了经编产品的市场，而1995年跟随纺织工业部组织的考察团去德国专门生产世界上最新经编机的卡尔·迈耶公司考察更让他大开眼界。几年来，谨慎用心的调研和思考，让他坚定决心，经编行业就是马桥镇未来数十年发展的行业，为百姓造福的行业。1998年，他在镇上大会宣布：镇里决定征地300亩，建设马桥工业园。随后成立开发建设有限公司，沈顺年任董事长，强力推进马桥镇工业（经编）园区的发展。2000年升格为浙江海宁经编产业园区。经过18年，园区面积扩展到6.1平方千米，入园企业从原来的5家增至1000多家，从业人员由几百人到数万人，销售收入从1亿元增至360亿元。政府管理的园区为企业创建了十大创新服务平台（即公共服务、科技服务、社会服务、品牌文化、合作交流、贸易交易、金融服务、咨询服务、培训教育、人力资源）。2018年底，海宁市委、市政府做出了经编产业园区扩容提质的决定，将经编产业园区从当前的8.96平方千米，扩大到21.48平方千米，建成国家级特色工业园区。2011年11月沈顺年退休，2013年，他因长期积劳，眼疾不断恶化，已几近失明，但还是在时刻关注着海宁经编产业园。他的继任者们一棒接一棒，继续做好这项工作，如今已经成为中国乃至世界知名的经编产业集群地的马桥镇还在前进。

我曾接触过纺织产业集群试点地区五六百位县镇领导，近千位工作人员，沈顺年是他们之中的优秀者，也是代表者，他们之中的许多人讲起纺织产品、纺织技术、纺织设备、纺织市场来都是头头是道、滔滔不绝。

从业者和执政者的积极性相结合，构成了改革开放后产业集群经济爆发式发展内在动力。无疑，这具有强烈的中国式社会主义市场经济的特色。

第三节 有形之手

众所周知，约在250年前，英国经济学家亚当·斯密就在《国富论》中提出了“看不见的手”理论，即经济运行中有一只看不见的手在调节，使之达到平衡状态，亚当·斯密反对当权者干预经济。他说，商人的判断要比政治家或立法者准确得多。如果政治家非要指导商人进行投资，那不过是多此一举[1]。而后来的凯恩斯主义则认为政府必须放弃自由放任主义，应该干预经济和社会生活。政府干预也就可称“看得见的手”或“有形之手”了。

波特在论述产业集群问题上认为，产业集群要自然产生，到达一定程度（成型），政府要给予“滋养”和“强化”。可以理解为他在说产业集群的形成和发展是两只手在运作，但两只手“有先有后”。

改革开放后，我国产业集群经济爆发式形成，也可以看成是两只手在运作，但与波特总结的有不同，我们是两只手同时发力，有时“有形之手”更为强悍。

湖北省仙桃市地处江汉平原，辖内彭场镇有个民营企业立新塑料厂，20世纪90年代初生产非织造布做袖套和鞋套，原料是从山东淄博地区购进的。此时还有几家镇办企业，如草席厂、毛织厂、服装厂等，在主业不景气的时候，也搞点非织造布圆帽、防护服等制品。全镇非织造布产品销售收入全年也不到300万元。虽然这很微不足道，但镇党委和政府却很看好，他们商量后，认为这个行业有前途。适逢上级党委政府鼓励开展企业转制工作，镇里决定把所属30多家镇办企业全部进行产权制度改革，一律民营化，并有意识引导改革的企业生产非织造布制品，政府帮助找

---

[1] 中国华侨出版社《国富论》，第 361 页。

订单、进原料、申请出口权、培养骨干企业。非织造布制品企业队伍逐步扩大，1999年达19家，2000年达36家，2001年达41家，产品由最初的6种发展到近50种，税收超过千万，占全镇工商税收的77%。彭场镇党委、政府不断向上级汇报情况，这也引起了仙桃市乃至湖北省的注意和重视。仙桃市迅速把这个行业列为重点支持行业，省里专门提供5000万元贷款用于建设彭场工业园，发展非织造布行业。彭场镇的非织造布产业迅速发展起来，到2006年全镇企业118家，基本形成非织造布生产—制品加工—成品包装一条龙产业，年产非织造布2.4万吨，制品包括32大类130个品种，从业人员23500人，工业总产值26亿，出口4781万美元。整个仙桃市的非织造布产业发展起来了，成为全市的工业主导产业。2018年全市（含彭场镇）有非织造布企业1012家，从业人员超过10万人，产值355亿元，年产各类非织造布45万吨，年加工制品80万吨，产品涵盖建筑、医疗、日用、环保、服装、电子、汽车、航空航天等领域，其中60%属高档制品。省市政府在培育仙桃市非织造布产业集群的成长发展做了大量的工作：规划整个产业发展（包括企业用地），成立国家级非织造布生产力促进中心，建立省级非织造布检测中心，制定非制造布质量标准体系，建设中国非织造布交易网，“百护商城”电商平台，开设武汉海关仙桃办事处，还成立市镇两级协会组织，甚至建造了国内第一家“非织造布博物馆”；积极促进企业和高等院校、科研院所开展科技联姻，研发新技术、新产品，开展职业培训教育、提高职工技能；引进国有强企，投资最先进的设备生产非织造布。仙桃市正在努力打造先进的非织造布产业集群，争取在2022年产值过千亿元，非织造布产量达120万吨，制品产量达到200万吨，位居全球之首。

我国东北的吉林省辽源市是个资源型城市，因煤而生，煤炭开采有百年历史，煤炭业长期占全市工业比重的80%以上。进入20世纪90年代，资源日益枯竭，煤炭职工失业、下岗。经济社会发展陷入低谷，市里不得不考虑另寻出路，发展经济。原来辽源市有些针织厂，生产袜子在东北也有些名气，于是政府决心在袜业上做文章。2005年，政府规划开始建设"东北袜业园"，走产业集群发展之路。在省市政府的支持下，园区逐步搭建起十大公共服务平台，即金融中介、研发检测、物流仓储、售租设备、网络信息、品牌引领、营销策划、投资咨询、综合配套、人力资源平台，并在园区内设"大学生创业园"，成立"东北袜业纺织技术学院"。政府还出台了多项招商引资、税收优惠、技术改造、人才培训等方面的政策措施，有力地支撑辽源袜业迅速发展起来。袜业园未建时，全市只有42家袜厂，年产值不足亿元。到2018年末已发展到入园企业1210户，就业职工45000人，其中有3000多名大学生在园区创业，年产值达120亿元，袜子产量35亿双。短短十几年，辽源袜业就形成了完善的棉袜研发设计、生产、市场营销链条，产品有运动袜、保健袜、功能袜、休闲袜、商务袜、军工袜等六大类6000多个花色品种，棉袜国内市场占有率已达22%。辽源袜业的目标是要建设成为全国领先的现代袜业产业集群和世界知名的棉袜制造和流通基地。

在“打造”纺织产业集群当中，有关地区政府坚持贯彻国家关于“充分发挥市场在资源配置中的决定性作用，更好发挥政府作用”的精神，运用多种政策工具，做了大量工作，不仅力度大，而且持续不断，因此，促进了产业集群的扎实发展。大体可以归为以下几个方面。

一是以政府名义将有关纺织特色产业以支柱产业或重要产业列入地方发展规划，甚至有的地方还会再给其制定单独发展规划。列入规划的意义在于政府会重点给予支持，公共资源会向其倾斜，这对特色纺织产业发展是十分重要的。

纺织产业集群中一县一镇一品特色十分丰富多彩，诸如，化学纤维、化纤织造、化纤加弹、长丝织造、竹纤维、非织造布、棉纺织、蜡染、牛仔布、休闲面料、氨纶纱、半精纺毛纱、粗纺呢绒、丝绸、绢纺织、蚕丝被、床垫布、革基布、衬布、毛毡、毛巾、藏毯、羽绒家纺、绗缝家纺、家纺寝具、家纺流苏、工艺家纺、手工家纺、静电植绒、窗帘窗纱、家纺布艺、线带、男装、女装、童装、内衣、无缝内衣、西装、休闲装、家居服、裤业、棉服、羽绒服、运动户外服、皮革皮草服装、运动休闲服装、婚纱礼服、泳装、服装辅料、袜子、领带、运动手套、劳保手套、羊剪绒、牛仔服、羊毛防寒服、阿拉伯大袍、土工用纺织材料、绳网、过滤布、安防用纺织品、非织造布制品、丝网织造、环保滤料、羊绒、苎麻纺织、绣编、毛衫、花边、亚麻纺织、纺织机械、非织造布设备等。

这些各具特色的纺织服装产品构成了几百个纺织产业集群，在这些产业集群中，有年主营业务收入高达千亿元以上的县（市、区），也有很多几百亿元的镇（街道），还有一些数额并不太大，但其产品极富特色的集群。据统计，2012年全国纺织产业集群试点地区197个，主营收入34400亿元，其中规模以上企业收入为24900亿元，占当年全国纺织行业规模以上企业主营业务收入5.75万亿元的43.3%。2019年试点地区为204个，规模以上企业的主营业务收入占全国的比例基本没变。各试点地区的政府还将本地特色纺织产业作为城镇名片进行宣传，如“马桥经编”“西樵面料”“清河羊绒”“大唐袜业”“安平丝网”“均安牛仔”“织里童装”“大朗毛衫”“嵊州领带”“小揽内衣”“常熟服装”“深沪内衣”“盛泽丝绸”“兴城泳装”“南通家纺”“嘉祥手套”“绍兴纺织”等。

说明

2002年中国纺联开始进行纺织产业集群试点工作（一般只选择县镇区域经济的地区参加），这是基于中国纺联和地方政府双方有合作意愿基础上开展起来的，协议共建产业集群。2002年有38个县（市）镇

二是完善公共服务平台建设。往往产业集群中拥有大量的中小企业，纺织行业更是如此。这些中小企业只有一定的生产加工能力，但是由于缺乏人才，缺少财力，创新的实力和动力都不

参加，到2007年，有133个地区参加，中国纺联对开展试点工作进行了系统的总结，并确定今后每三年进行一次复评。2010年经过第一次复评，有175个地区被列为试点地区；2013年第二次复评后有193个地区被列为试点地区；2016年第三次复评后有197个地区被列为试点地区；2019年第四次复评后有204个地区被列为试点地区。每次复评后都会有新试点地区加入进来，也有老试点地区因各种原因退出。总计进入过试点范围的共有239个地区，其中112个镇，116个县或县级市，11个地级市。

除试点地区外，还有很多地方的纺织业也是以产业集群的方式存在，比如诸多的地级市，他们的集群经济指标并未统计进来。像深圳市2019年服装行业主营业务收入达2600亿元；宁波市2018年规模以上纺织服装企业819家，总产值达1027足，因此，自我服务的能力很差，即便是大企业也不一定能面面俱到，有些还要寻求公共帮助。特别是在市场竞争激烈，产业需要不断升级才能应对的情况下，建立较为完善的公共服务平台显得非常重要。中国纺联对这个问题认识得比较早，2003年在对广东省纺织产业竞争力调查过程中发现，佛山市南海区西樵镇有一定的产业基础，但遇到提升集群竞争力的瓶颈，自己无力，外部又没有支撑，在苦苦徘徊。于是和当地政府商议，开展合作，运用行政资源和行业资源相结合，推动集群产业提升，目标是建设五大公共服务体系，即共用技术开发研究与推广、贯彻质量标准普遍检测、全面培训、建设亿元，而规下企业还有近万户，仅海曙区就有企业4800户。还有无锡、温州、常州、石家庄、杭州、武汉等地。总体来看，纺织产业集群经济占全国纺织经济的60%～70%，这是中国纺织产业的基础力量。

信息网络平台及推广企业信息化、发展现代物流及电子商务的体系。广东省、佛山市、南海区及西樵镇四级政府都进行了一定的财政投入，中国纺联则从专业、技术力量给以支持，一年的努力，初见成果，这个方向行之有效。于是2004年12月中国纺联和广东省在西樵镇召开现场会，总结推广西樵镇和其他地区产业创新，建设公共服务平台的经验，当时列入纺织产业集群试点的近百个地区和广东省各地级市的有关负责人都出席了会议。这次会议对纺织产业集群地区建立公共服务平台是个很好的推动，会后多个地区都派人到西樵镇参观学习。在各级政府的努力下，越来越多的信息中心、培训中心、专业检测中心、劳务中心、产品开发中心、电子商务中心、生产力促进中心等各种各样的公共服务平台建立起来。客观地讲，这些公共服务平台对产业集群提升产业水平、增强竞争力起到了一定的作用（第五节还会涉及有关内容）。但也有因不能打破行政区域界限而出现重复建设，因缺乏市场配套资源而少有市场化运作，政府一厢情愿等情况，致使项目并不成功，这也是“打造”会产生失误吧！

三是政府搭台、产业唱戏。这是一个略有争议的做法。搭台“唱戏”，冠名都是地区的名字，当地政府当然要掏钱，有些还要让企业也出钱。然而有一些政府搭的台，效果并不好，大家觉得劳民伤财，所以舆论说，政府不要搞“花架子”了。

纺织行业是个热闹的行业，一年到头政府搭台唱戏的活动实在不少，某某节、博览会、交流会、时装周、设计大赛、论坛、峰会，国际的、国内的、国家级的、地区性的、行业里的，林林总总，眼花缭乱。这些活动不仅仅是在北京、上海、天津、重庆、深圳、南京、杭州、武汉、成都、大连、青岛、郑州、广州、宁波等大城市办，在县镇范围产业集群地区办的也有很多。比如承接国际主要会议和活动，浙江杭州市萧山区就是“国际化纤会议”的永久会址，江苏苏州市吴江区的盛泽镇就是“世界布商大会”的永久会址。吴江区的震泽镇承接过“国际麻纺织大会”。江苏张家港市承接过“国际毛纺大会”，浙江桐乡市的濮院镇2020年准备承办第89届“国际毛纺大会”。全国性的纺织行业活动有很多也都是在产业集群地区举办的。当然，产业集群地区搭建的舞台更多的还是本地区的活动。河北省清河县举办的国际羊绒交易会到 2019年已经举办了26届，广东省东莞市虎门镇举办的国际服装交易会到2019年已经举办了24届，福建省石狮市举办的海峡两岸纺织服装博览会到2019年已经举办了22届，浙江省绍兴市柯桥区举办的国际纺织品博览会到2019年已经创办20年，江苏省常熟市举办的中国江苏（常熟）服装服饰博览会到2019年举办了20届，广东省东莞市大朗镇举办的国际毛织产品交易会到2019年举办了18届，河北省安平县举办的国际丝网博览会到2019

年举办了19届，辽宁省兴城市举办的国际泳装节从2011年创办到2019年也举行了九届。上述举的是最典型的例子。在二百余个纺织产业集群中所举行的各种活动数不胜数。总体上说，产业集群地区政府搭台搞了这些活动，在提高本地产业的知名度、招商引资、帮助企业扩大国内外市场、增加协作机会、巩固合作关系、开阔眼界、提高境界、收集和传播信息、吸引和培养人才等方面，都是非常有帮助的。中国纺织产业在这几十年能够朝气蓬勃地朝前发展，也离不开产业集群地区在政府支持下开展的各项活动。

当然，这里也必须正视刚才提到的“劳民伤财”和“花架子”问题，这在大城市和产业集群地区都存在，因此应该引起有关政府的关注。这类活动应该遵循两个原则：一是搭台搞活动一定是产业的需要、企业的需要、市场的需要，而不是政府的需要，政府是顺势而为；二是认真评估活动的价值，再做决策。有些活动开始作用很大，但随着环境形势变化，逐渐失去实际效果，应该改变方式，或者当停即停，不可打肿脸充胖子，要及时调整，把握节奏。

四是注意发挥产业协会（商会）的助手作用。纺织产业集群发展较好的地区，往往当地的协会组织搞得也不错，原因是政府信任他们，注意发挥他们的作用。江苏省在全国纺织工业中经济总量位居第一位，同时产业集群数量在全国也名列前茅，江苏省纺织协会做了大量工作，他们和省内各县市镇的地方政府、协会组织密切配合，把纺织行业很好地组织起来。省政府每年拨款给协会承办“江苏国际服装节”，到2019年共举办了21届，每届展会红红火火，创新不断。辽宁省过去是纺织大省，20世纪90年代国有纺织企业陷入困境，全省纺织业长时间沉寂，失去影响力。在有关部门的支持下，省纺织协会努力开展工作，十几年来，辽宁纺织产业集群渐入国人视线，兴城泳装、佟二堡皮草皮革服装、西柳裤业棉服、康平塑料编织、普兰店西装、瓦房店家纺流苏、东港户外运动服装等名声越来越大，这几年辽宁省政府每年拨付上千万元给这些地区，支持他们集群式发展，这其中纺织协会做了大量的工作。目前纺织产业集群试点地区基本上都成立了协会组织，其中许多深受当地企业欢迎，比如广东省中山市的小榄镇商会、江苏省常熟市服装协会、辽宁省兴城市泳装行业协会等。

第四节　市场伴生

在我国产业集群地区中存在着与其产品相关联的专业市场，甚至是专业市场群，这是中国产业集群经济中重要的特色。这种情况在建材、五金、机电、家电、家具、小商品、灯具、鞋业、皮具等许多行业大量存在，特别是在纺织服装行业尤为突出。这种现象可称为市场伴生，它有两个含义：一是某地出现了某种大批量特色产品面市，而随之逐步伴生出专业市场与其匹配；二是特色产业与专业市场相依为伴互相促进，共同成长。中国众多产业集群地区迅速发展壮大，闻名遐迩，专业市场功不可没。在纺织服装行业，这种情况比比皆是。

浙江省绍兴市柯桥区（原绍兴县）是我国纺织产业集群中生产和市场销售双双过千亿元的地区，柯桥区自古以来就有织绸、织布的历史。中华人民共和国成立前行业萧条。1949年，全绍兴地区生产棉布不过43.6万米，绸缎54.3万米。20世纪70年代初，全地区棉布产量已经发展到1460万米。改革开放后，公有制企业改制，私营企业出现，柯桥织布业开始了新发展。与此同时，柯桥古镇出现了“百米布街”，老百姓卖布，外地供销员开始到柯桥进货。1983年柯桥老街有布摊十余户，从事绸布买卖，生意颇盛，1984年发展至200多户，场面有些混乱。柯桥镇政府就在1985年建设了棚屋式的“柯桥轻纺市场”，占地3500平方米，场内设77个门市部，89个摊位，年交易额2000万元。这是一次重要的转折，产地和市场经政府的撮合，从此相互攀升。1987年投资660万元，新建占地1.7万平方米的“绍兴轻纺市场”。1990年政府征地5万平方米，投资4320万元扩建市场，1992年更名为“浙江绍兴中国轻纺城”，1993年四大交易区组成的中国轻纺城，传统交易区建筑面积达22万平方米，营业房6000间。1997年“轻纺城”股票上市。2007年10月，商务部授权中国轻纺城在柯桥发布我国首个纺织品指数——“中国·柯桥纺织品指数”，2011年3月柯桥区斥巨资打造“网上轻纺城”。三十多年，绍兴纺织品市场经历了从摊位—市场—商城的演变，规模日益壮大，也极大地促进了生产集群的发展，2018年，柯桥区的纺织企业达9370户，从业人员18.77万人。纺织专业设备都是先进设备，其中无梭织机26500台，经编机3000台，针织圆机20000台。印染设备8050台，印花机800台，缝纫机20000台，资产总额1170亿元。主要纺织品生产中印染布达145亿米，化学纤维221万吨，主营业务收入达1078亿元。同时柯桥区的轻纺城市场群和“网上轻纺城”分别实现成交额1808亿元和420亿元，全区域是“一块布托起的经济”名不虚传。

江苏省常熟市地处长江三角洲腹地，唐朝时属吴郡，是吴文化的发源地之一。常熟纺织业具有悠久的历史，元代开始已普遍种植棉花，现代纺织作坊已遍布城乡，中华人民共和国成立前，常熟城里已有数家私营的纺织厂和一批身怀一技之长的裁缝。中华人民共和国成立以后，城里建起几家一定规模的制衣厂，有些乡镇也办起了缝纫合作社。改革开放以后，许多裁缝办起了自产自销制衣厂，著名品牌“波司登”掌门人高德康就是其中之一。生产的服装要销出去，服装生产老板们选择了人来人往的常熟长途汽车站，在道路两侧摆开了地摊，形成了一个马路市场。随着马路市场越来越大，常熟市政府和马路市场所在地琴南乡政府看到这种趋势，因势利导，1985年在长途汽车站对面搭起玻璃钢大栅和水泥墩子摊位，建立起“常熟招商场”。从此，在政府的主导下开始了服装市场的大发展。2007年“常熟招商场”更名为“常熟服装城”，三十几年来，常熟的市场每年都有新气象，产业每年都有新发展。2017年常熟服装城面积已达3.7平方千米，市场营业面积350万平方米，店铺摊位3万多个，市场交易额1489亿元，相应的全市有纺织服装生产企业4600余家，从业人员20万人，主营业务收入1038亿元，资产总额930亿元，主要生产设备缝纫机12.6万台，圆机1.6万台。电脑横机1.05万台，休闲服产量1.62亿件，羽绒服6232万件。

这是两个专业生产产品和专业市场销售均超过千亿元的县级区域的产业集群。而在全国许多区域生产和销售都超过几百亿元的集群地区也不少。

在长三角地区

江苏省苏州市吴江区的盛泽镇是丝绸古镇，历史悠久。2018年末，有纺织企业2675户，主营业务收入850亿元，年产化学纤维260万吨，化纤布96.5亿米，印染布31.3亿米，是全国第一织布大镇，而位于镇中的“中国东方丝绸市场”在1986年10月建成，如今发展成为占地4平方千米，7000余家商户，2018年交易额达1200亿元。2007年，商务部还批准其发布“中国·盛泽丝绸化纤指数”。

浙江省金华市所属义乌市的义乌小商品批发市场现在世界闻名，它在1982年创立，这个市场的创建和发展带动了周边许多产业的发展，包括纺织行业的许多专业，像手套业、线带业、无缝内衣、袜业、衬衫业等，义乌在这几个行业都形成了特色分明的产业集群。2018年，义乌手套业有599户企业，年产各种手套20亿双；无缝内衣企业186户，年产无缝美体套装内衣6亿件套；袜业企业1090户，年产袜子85亿双；衬衫企业203户，年产衬衫1.19亿件；线带企业300多家，年产各种线带产品26.6万吨（2015年）。而义乌小商品批发市场2019年总体销售收入高达4583亿元，其中相当一部分是纺织品和服装。

浙江省绍兴市所辖的诸暨市大唐镇是我国改革开放后最重要的袜子生产地区，还带动了全市袜业的发展，目前全市拥有织袜企业一万余家，年生产袜子200亿双。诸暨市有大唐袜业城，2018年销售50亿双，销售额达70.8亿元；诸暨市又毗邻义乌小商品市场，产业与专业市场互动，双双发展。

江苏省南通市所属海门市是我国家用纺织品产销最集中的地区，2018年海门市有家纺企业1160家，主营业务收入520亿元，主要专业设备缝纫机38万台，电脑绣花车19万台，年产被单、床单1.45亿套，四件套7858万套。海门市的叠石桥家纺市场形成于1982年，现已成为全球规模最大、档次最高、品类最全的家用纺织品专业市场，有一万间商铺，2018年交易额突破1000亿元，其中电商突破300亿元。这个市场还覆盖周边8个县市，30多个乡镇，总共从业人员达50万人，家纺企业2500家，年生产能力产出价值相当于2000亿元。

在环渤海地区

河北省衡水市安平县500多年前就有了绢罗作坊的丝网业。20世纪初开始了以金属丝为原料生产丝网的时代。中华人民共和国成立后有了很大发展，改革开放以后更是阔步前进。目前全县拨丝织网企业一万余家，年织网10亿平方米，2019年生产企业主营业务收入达510亿元。安平县建设的专业市场丝网大世界1997年开始营业，目前经营户有1000多家，2014年交易额就已突破70亿元。

山东省青岛市即墨区是针织服装产品生产集群，2018年末有生产企业3196户，主营业务收入1108亿元，年产针织内衣、童装等8.1亿件。即墨区内纺织品服装市场成群，从20世纪80年代初期开始建设，现经营摊位一万多个，年交易额超过400亿元。

在海峡西岸

福建省泉州市所属石狮市、晋江市改革开放后纺织服装及配套行业大发展，镇域特色突出，休闲服装、内衣、童装、运动装、裤业、休闲面料、服装辅料等，一镇一品，2018年石狮市有近4000家企业，主营业务收入577亿元，晋江市的规上纺织服装企业达620家，主营业务收入1240亿元。辐射两市的石狮面料、服装市场共有5大片，市场经营户超过2万户，其中面料市场就有9大交易区，年销量50亿米以上。

在珠三角地区

广东省东莞市虎门镇，改革开放后靠“三来一补”搞起服装加工业。2018年底，全镇有服装服饰生产加工企业2200多家，面辅料等配套企业及服务机构1000余家，年工业总产值450亿元，服装产量4亿件，镇上有40个专业市场，1.5万个经营户，交易额达900亿元，服装服饰从业人员超过20万人。

广东省东莞市大朗镇过去是农业大镇，不产一根毛，1979年才有了第一家港商投资的毛织企业，而后该镇专攻毛织业，到2018年底，全镇共有毛织生产加工户9308家，批发和零售业户4400家，年产毛织衣3.7亿件，而在大朗毛织商贸区集散的毛织衣达8亿件套（周边还有相当规模的毛织产业）。

广东省佛山市南海区的西樵镇，清末是机器缫丝发源地，织绸布闻名。改革开放后大量生产各种化纤面料，到2018年末全镇有纺织服装企业850家，年产面料16亿米。20世纪80年代中期在老城区形成了全国闻名的化纤布匹批发市场，1997年进一步建成了“西樵轻纺城”，现在汇集了全国26个省市的2600多家纺织企业和经销商。2018年销售各种布料38亿米，交易额达300亿元。

在东北地区

辽宁省鞍山市所属的海城市是改革开放后在东北地区纺织工业发展最快的地区。2018年，全市有纺织企业5000余家，年主营业务收入98亿元。所辖西柳镇是全国最早建立专业市场的地区之一，目前西柳市场总摊位达2.6万个，经营服装、箱包、小商品等32大类20余万种商品，年产品吞吐量达150万吨，交易额700亿元。

我国分布在二十几个省区中的几百个县市镇里的纺织服装产业集群，他们的产品各具特色，而在同一区域建立相应的专业市场比比皆是。过去有句老话叫作“卖什么，吆喝什么”，现在产业集群和专业市场基本对应的是“这里产什么，我们卖什么”，专业市场极大地推动了当地产业集群的发展。产业集群也极大地促进了专业市场的发展。据中国纺联流通分会统计，2018年全国有年交易额亿元以上的专业市场841家，经营面积为7147万平方米，市场商铺数量131.58万户，总成交额2.35万亿元。我国纺织产业工人有2000万名左右，而经营纺织品服装生意的也有好几百万人。

第五节　产业协会的价值

波特在产业集群的概念里是把协会作为其中的一个要素放进去的，他虽然没有专门设章节来集中表述协会组织在产业集群中的地位和作用，但是在论述竞争优势中曾多次提到应该发挥协会的作用，还对一些国家的协会给予了积极的评价，借此衬托他为什么把协会作为产业集群的一个组成部分。

比如，波特说要“建立起产业强大又持久的竞争优势，则必须发展高级生产要素和专业型生产要素”，而“由企业、行业协会或个人共同大力投资创造生产要素，才是催生国家与产业竞争优势的主力”[1]。“产业或产业集群创造生产条件的做法：企业除了要在内部努力创造生产要素外，也应该妥善应用国内资源，发展专业性生产要素。企业应用产业信息、职业培训学校、基础设施、研究等生产要素的途径很多，通过协会就是一种方式。”[2]

他又说：“一个公司的许多竞争优势不是源于公司内部的决定，而是源于公司之外，也即源于公司所在的地域和产业集群……。各种产业组织协会和商会在公共设施提供等方面，应该扮演一个积极主动的角色。”[3]“企业和行业协会有责任对企业或产业内部的教育培训进行大量的投资……。行业协会为产业提供所需的重要技能培训也很普遍，原因是行业协会本身就具有这种机制。当一个产业是由中小企业构成时，行业协会是培训从业人员的有效途径。”[4]

他还说：“在某些情况下，企业之间通过具体的第三者进行间接合作，是有助于提高竞争优势的。通过独立性的机构进行合作研发是可行的。利用行业协会成立培训中心，发展专业性基础设施，或援助大学做研究以创造生产要素也将使产业获益。如果合作研究计划是经由独立机构进行，将制造大多数企业的参与机会。同理，商展或海外市场的促销活动也能产生产业动员的效

---

[1] 中信出版社《国家竞争优势（第2版）》，上册，第72页，73页。
[2] 中信出版社《国家竞争优势（第2版）》，下册，第111页。
[3] 中信出版社《国家竞争优势（第2版）》，上册，新版序，第XVIII页。
[4] 中信出版社《国家竞争优势（第2版）》，下册，第143页。

果。德国、意大利、日本等国家的行业协会，在商展和市场开发方面很有效率。合作计划的最佳组合是由中立者推动进行。”❶

波特赞扬意大利产业集群搞得好，其中特别说到了意大利的产业协会组织。他说：“由于意大利以中小企业为主，行业协会因此比在其他国家扮演着更多元的角色。它既要赞助技术研究机构、收集与散布产业信息、推动出口、刺激与促进基础设施发展，还要负责与政府打交道。”❷“意大利五金、鞋子、瓷砖和家具等产业中，行业协会在传播沟通、加强支持、调查生产工艺技术，以及仲裁贸易事务等方面，扮演着重要的角色。”❸

波特对日本的产业协会也是赞不绝口，他说：“日本的各种行业协会，也以收集信息和资助研究的方式，促进客户与供应商之间的联系。这些行业协会通常包含多个领域的产业客户、供应企业及相关产业，进一步促进产业集群的结合；日本文化中的一致性与地理的邻近性，也提高了产业集群的效率。例如，日本人的社会习性中，依附团体的强烈特点，使得他们重视并保持亲密的人际关系，像是大学或高中的校友关系。”❹“在日本，行业协会就像大伞般包含了各种近似的产业，并加大有利于产业结构的产业要素的投资。”❺

中国的产业协会组织在产业集群中的作用和波特描述的那

❶ 中信出版社《国家竞争优势（第2版）》，下册，第177页。
❷ 中信出版社《国家竞争优势（第2版）》，上册，第404页。
❸ 中信出版社《国家竞争优势（第2版）》，下册，第111页。
❹ 中信出版社《国家竞争优势（第2版）》，上册，第373页。
❺ 同❸

些国家的协会发挥的作用，很多都是相同的，原因是协会本身应有的一些机制；另外，资本主义国家的产业协会组织发展历史有百年以上了，其中许多卓有成效的做法也值得我们效仿。但是，中国的产业协会组织是在国家改革开放以后才登上历史舞台的，因此会烙上社会主义市场经济的印记，社会主义市场经济对资本主义市场经济有些自己的特色，协会组织也会有自己的一些特色。相较于其他国家，我国的产业协会组织具有更积极、更有作为、作用发挥更广泛的特点。反映在产业集群经济中，产业协会组织的作用根本不容忽视。

我们可以先看看两个县镇区域的纺织产业集群地区这几年其协会开展工作的有关内容（根据2019年中国纺联产业集群试点工作第四次复评活动中各试点地区自查报告整理）。

浙江省杭州市萧山区是纺织产业比较集中的地区，2018年底全区有规模以上纺织企业398家，全年实现主营业务收入1039亿元，是我国7个纺织主营业务收入超过千亿的县（市、区）之一。其化学纤维产量达364万吨，占全国化纤生产总量的7.26%，印染布产量36亿米，占7.4%。2016～2018年三年间，萧山区纺织化纤行业协会主要做了如下一些工作：

（1）“中国纺织印染业永续发展”项目调研工作；

（2）萧山区产业龙头企业推荐上报材料工作；

（3）萧山区“益农工业园区”规划制定和推动工作；

（4）促进区内“低、小、散”企业提升工作；

（5）涉及环境问题企业整治工作；

（6）“隐形冠军”企业培育工作；

（7）发掘“传统制造业改造提升典型企业”；

（8）推广“机器换人”工作；

（9）推动“原材料产业物联网和互联网试点项目”工作；

（10）推动萧山区传统制造业改造提升三年行动计划工作；

（11）协助进行浙江省实施振兴实体经济（传统产业改造）财政专项激励资金政策；

（12）召开行业内企业招商引资对接会；

（13）协助召开萧山区化纤高层论坛；

（14）协助召开第23届和24届“中国国际化纤会议”；

（15）一如既往组织萧山区的纺织企业参加“中国国际面料和辅料博览会”（到2018年已经连续参加了16年），参展面积达1000平方米；

（16）组织企业劳动争议纠纷协调培训班；

（17）承办浙江省纺织行业协会主办的全省棉纺细纱工技能大赛；

（18）组织全区有关企业参观第十八届“中国环博会”、第十八届“上海国际纺织工业展览会”；

（19）举办针对企业管理人员的有关管理技巧和创新思维等内容的培训班；

（20）组织萧山化纤新材料国际合作技术高层研讨会；

（21）坚持每月统计业内重点企业指标数据，每季度发表一篇行业运行分析，同时及时向政府反映企业存在的困难和问题，提出建议；

（22）连续开展区内纺织企业职工学历教育培养工作，在东华大学专科、本科学习近300人，大部分已顺利毕业。

广东省东莞市虎门镇是我国服装产业重镇，2018年全镇有服装企业2300家，服装工业总产值达477亿元。服装服饰注册品牌有五万多个。虎门镇服装服饰行业协会成立于1996年，是全国第一个镇级服装行业协会。现在下设童装分会、针织内衣分会和纺织面辅料分会。协会自成立以来，始终贯彻实施虎门镇政府“服务兴镇”的发展战略，目前已经发展成为具有六个平台功能的协会组织。一是行业引导的平台，协会努力当好镇党委、镇政府的参谋助手，为行业发展出谋划策，近两年提供了“抓住机遇，大力扶持虎门童装业的发展——关于虎门童装业发展情况的调研报告”“虎门镇服装产业调研报告”“关于创建4A级虎门服装城旅游购物景区的调研报告”等一系列材料，为政府发展决策提供可靠依据。二是整合提升的平台，协会不仅承办每年一次的中国（虎门）国际服装交易会（现已成功举办了23届），而且每年都组织企业抱团参加多个国内外知名展会，如中国国际服装服饰博览会（CHIC）、中国香港时装节、美国拉斯维加斯服装服饰博览会，以及参加广东21世纪海上丝绸之路国际博览会、中国加工贸易产品博览会等，借以营造“虎门服装”的区域品牌。三是信息交流平台，协会与国内众多媒体特别是行业专业媒体关系良好，协会自媒体如《南派服装》会刊、《虎门服装》《虎门时尚》“虎门服装设计”微博群、“虎门服装协会群”等都很活跃，加强了各方面的沟通和交流，宣传了企业。四是学习培训的平台，每年都组织企业去外地学习考察，帮助企业开阔眼界、更新观念、拓展市场、资源对接；经常举办各类培训班，培养企业有关人员，与江西服装学院开展人才培养战略合作。五是资源对接的平台，协会致力于加强各集群之间、人才与企业之间的对接，如2018年举办了“全国纺织服装企业与虎门对接交流会”，来自全国15个省区市近30个地市县镇产业集群260多人齐聚虎门，与虎门当地120家企业在一起进行多方位对接。六是会员联谊的平台，通过各种活动增强企业的社会责任感。

以上可以看出萧山区和虎门镇两个基层产业协会组织的工作内容丰富多彩，体现了相当的广度、深度和活跃度，也充分反映了他们在产业集群当中的地位。当然目前我国产业集群地区的产业协会组织表现得不一定都像萧山区和虎门镇这样好，但是成熟的产业集群其产业协会组织地位和作用都是举足轻重的。

中国纺织工业联合会作为全国性行业组织在纺织产业集群的发展中做了大量的工作，而且某些方面超出了波特对产业集群中协会组织作用的评价。但在这里先不做具体介绍，留在本节最后再讲述。现在想通过中国纺联近二十年的总体工作，讨论产业协会在社会主义市场经济下的价值。假如把整个中国的纺织工业看作是一个完整产业集群的话，中国纺织工业联合会显然就是波特产业集群概念中的“协会”，所以在研究产业集群问题中这个讨论也是很有意义的。

中国纺织工业联合会登上历史舞台是在我们国家建设有特色的社会主义背景下出现的。它的原名为“中国纺织工业协会”，1998年登记注册成立（就是为既定的2001年机构改革做准备），在2001年国家机关机构改革时重新组建运作，2011年更名为“中国纺织工业联合会”。[1]

中华人民共和国成立后，纺织工业的管理体制经历过三个时期。第一个时期是1949～1978年，此时是计划经济时期，国家对工业管理实行的是专业部门管理，从专业来讲，从上到下一条线。纺织工业在国家这级管理部门是纺织工业部，省级是纺织工业厅（局），地区级是纺织工业局，县级是纺织工业公司，因为是单一公有制，纺织部门把全国的纺织企业都管理起来了。第二个时期是1979～2000年，此时国家改革开放，由计划经济转向市场经济，形成以公有制为主体，多种所有制共同发展，纺织行业是最早进入市场的行业之一，很快出现了大批非公企业，包括外商投资企业、中外合资企业、民间资本企业、个体户等，原来的公有制纺织企业也纷纷改制，还出现了上市企业、混合制企业。而大批的纺织企业归在其他部门管理，比

[1] 在国家机关机构历次改革中，1993 年纺织工业部曾改为中国纺织总会，1998 年又改为国家纺织工业局，2001 年撤销。

如煤炭、轻工、供销社、农垦、商业、外贸、林业等系统，都有纺织企业，特别是数量最多的乡镇企业在农业部管理之下，还有众多的小微企业自由生长。这时期可以称为有专业部门存在的多部门管理，实际上的专业管理成为了局部的行业管理。第三个时期是2001年至今，国家取消专业部门管理改为综合管理，把过去的专业管理部门撤销改建成协会组织，为全行业服务（在省地县则是自行决定，后来专业部门基本撤销没了，但协会组织并不一定建立起来）。纺织行业没有专业行政管理，这和国际上绝大多数市场经济国家接轨了，这也把中国纺织工业联合会推上了历史舞台，同时，原来纺织工业从国家到地方的一条管理系统也不复存在。

不设专业管理部门，改由全国性产业协会组织为行业服务，这样的探索是在改革开放23年后才进行的。产业协会在社会主义市场经济中处在什么地位，是个什么角色，什么业务范围，要做哪些工作等，这些在国际上没有现成样板可学，因为国情不一样，因此还要靠协会自己去摸索、实践、创新和总结。办好全国性产业协会，适应客观形势上的要求，不仅会对全国纺织工业（国家范围的产业集群）的发展起到积极作用，而且也会给区域性产业集群的协会提供经验。

经过近二十年的探索，可以说中国纺织工业联合会基本上摸索出本会在社会主义市场经济中应该充当什么角色，怎么把这个庞大的产业组织起来，为这个产业和企业干哪些工作，做哪些事情，一点儿一点儿开始，逐步适应了要求，发挥了作用。

中国纺织工业联合会做了哪些带有社会主义市场经济特色的协会工作呢?

第一，完善服务体系。

面向全行业，面向全社会的纺织企业要提供全方位的服务，就必须要有一个完整的体系。在原有基础上，经过调整，健全了中国化学纤维工业协会、中国棉纺织行业协会、中国服装协会、中国纺织机械协会等十二个专业协会，把所有涉纺企业全部囊括进来。还有中国纺织工业企业管理协会、中国服装设计师协会、中国纺织企业文化建设协会、中国纺织出版社、中国国际贸易促进委员会纺织行业分会等二十几个拥有各种职能作用的协会、事业单位和机构，把有关方面的工作都对应起来，把企业需要的服务尽可能不遗漏掉。由于在法律上这些协会、单位、机构都是独立的法人，所以，这个体系是个联合舰队，中国纺织工业联合会是旗舰，其余都是一艘艘舰艇，大家都是为纺织产业服务、推动和促进纺织产业发展的社会组织。在各个协会、事业单位和机构里还有更加精细的组织架构，比如中国化学纤维工业协会下边又设立涤纶分会、锦纶分会、氨纶分会、再生纤维分会等十二个专业委员会。这也正如波特形容日本行业协会“像大伞般”那样，中国纺织产业的协会组织更全面、更周密、服务面更加完善。

第二，聚拢行业队伍。

经过改革开放，中国纺织行业的几十万户企业，除极少的国有企业外，都无上级企业，都是市场经济中一个个独立的个体。但是一个行业里，如果企业是一盘散沙，这个行业不仅在社会主义市场经济下搞不好，就是在资本主义市场经济下也搞不好。所以一方面企业要有组织起来的愿望，另一方面也要有个组织出头去组织，企业自愿加入。波特赞扬意大利的协会组织，说它扮演了多元角色，为广大中小企业服务、为行业服务得很好。我们可以这样认为，意大利的行业协会在客观上是把广大企业吸引到一块了。我国经过计划经济年代，本身聚集行业队伍就有一些办法，特别是中国纺联在市场经济中，大胆创新，所以纺织行业队伍迅速集结起来，密切联系在一起，这对行业发展来说是一件幸事。中国纺织工业联合会主要做了如下两个方面的工作。

第一是抓特色产业集群和行业骨干企业。首先是在认识中国纺织工业存在大量块状经济的基础上，下决心要把他们组织起来，于是从2002年开始进行纺织产业集群试点工作。试点工作就是不断发掘在县镇区域经济中纺织产业特色突出的地区，与当地政府和产业协会密切联系，认真总结这些地方发展产业集群经济的经验并给以宣传，同时，帮助他们查找发展中的问题，提供全方位服务。到2019年底，全国先后有239个地区进入中国纺织工业产业集群试点行列（本书附录中将披露这些产业集群名单），总计约有20万户企业，职工约900万人，纺织主营业务收入约占全国纺织经济的45%。同时，十二个专业协会在原有基础上不断扩大直接会员队伍，目前会员总数超过6000家，纺织行业的优秀骨干企业基本上都是各专业协会会员。许多骨干企业和产业集群地区都是各专业协会的副会长单位或分会（专业委员会）的副主任单位，甚至是主任单位。大家一起参与行业工作，研究和解决行业问题。2007年中国纺织工业联合会还成立了流通分会（原名叫“纺织服装专业市场联盟”），现有会员430多家，全国最有影响力的纺织服装专业市场尽在其中。

这里要说明的是，一般协会组织都会讲一句话，叫作“为会员单位服务”，但是，中国纺联强调的是为全国纺织行业服务，为行业所有的企业服务，不管你是不是会员单位，是不是试点集群。这应是我国产业协会组织的一个特点。

第二是抓职工队伍建设。中华人民共和国成立后，纺织行业始终重视职工队伍的精神建设和技能提高。郝建秀、赵梦桃等先进人物模范事迹，“纺织工人是一支特别能战斗的队伍”“寸纱不落地”“万米无疵布”等精神，几十年来始终激励着纺织人并广为传诵。“郝建秀细纱工作法”“五一织布工作法”“五三保全工作法”等许多先进操作法都被拍成影像在百万职工中学习推广。各个工种操作比武、大赛也是经常热火朝天地进行。在自动化还不普及的年代，中国纺织职工的技术操作水平是国际上最好的。到21世纪，纺织产业大军已达2000万人，专业主管部门撤销后，中国纺织工业联合会坚持纺织行业职工队伍建设不放手。2006

年纺织行业在国家有关主管部门的支持下开始评选并召开了全国纺织工业劳动模范和先进集体表彰大会（这项行业工作在体制转换过程中曾一度停滞），后来每五年举行一次，这对全国纺织行业的职工是莫大的鼓舞。2003年“全国棉纺织行业细纱工操作大赛”在陕西咸阳举行，拉开了停摆多年的纺织行业职工技能大赛的序幕，而后中国纺联和全国总工会、人力资源部等有关单位合作，轰轰烈烈地开展了各种各样的纺织职业技能大赛，比如全国性棉纺织粗纱工、织布工、无梭织机操作工、针织横机工、纬编工、服装缝纫工、打版师、服装设计大赛、家用纺织品设计大赛等，令人眼花缭乱。而地方上的各种技能大赛也开展得红红火火，大赛往往从全国推动到各省市地区甚至企业，有的全国大赛高达几十万人参加。这些大赛大范围、大面积地促进了职工技能水平的提高。在同等条件下，中国纺织职工的实物劳动生产率也是国际上水平最高的。

第三，凝练行业战略。

当国家进行管理体制改革，加强综合管理部门、撤销专业管理部门时，也并不意味着放弃专业，而是让原来的专业管理部门转换为社会组织，为行业开展服务，而不是管理。作为全国性的产业协会组织，具有可以聚集和组织全行业专家、学者、骨干企业家、优秀管理者一起研究行业问题的条件，具有和行业相关单位包括政府部门讨论工作的条件，也具有和行业基层密切接触的条件。因此，全国性产业协会有条件、有可能把行业的事情说得清、理得顺。这里一是要有甘于做好政府助手的心理，二是要有踏实做好工作的实际行动。要认识到必须把行业的事情、专业的事情凝练出头绪来，形成比较统一的认识和意志，并把意见和建议提供给政府、行业、企业参考，这样才能推动和促进行业发展，没有凝练就没有引导。

为规划行业发展，中国纺织工业联合会起草了全国纺织工业"十一五""十二五""十三五"发展规划、《全国纺织工业调整和振兴计划》，并且经国家有关部门组织讨论、修改、审定并分别由国家有关部门甚至国办名义发布。

2011年中国纺联汇集行业智慧，制定了《建设纺织强国纲要（2011 — 2020年）》，该纲要提出了建设纺织强国的四大战略，即科技、品牌、可持续发展和人才强国战略，以5篇22章73节内容，详细解析了如何走强国之路，成为引导全行业发展的重要指南。为落实国家科技发展总目标，从2004年开始，中国纺联每个五年发展规划中都会向全行业明确纺织科技发展的目标和重点任务，2004年提出"十一五"期间全行业要重点攻关28项关键技术和10项重大技术装备，2010年提出"十二五"期间要重点突破10大类50项关键技术，推广110项先进实用技术，2016年提出"十三五"期间要突破6大类30项共享关键技术和重点推广100项先进适用技术。

这些都是根据行业的实际情况凝练出来的结果，给全行业的发展提出了明确的方向、目标和任务。

上述举的是事关行业全局发展战略的例子，而联合会体系有关工作机构、成员单位，特别是各个专业协会进行的工作都是行业发展的重要组成部分。它们也要从不同方位、不同角度、不同领域、不同层次凝练出本专业获取的经验、教训和发展思路、途径。虽然，中国纺联及其成员单位所提出的种种意见和建议只是给政府、行业、企业作为一种参考，但是这对于国家制定相关政策、统一全行业思想、帮助企业努力向前发展，起到了不可或缺的作用。这也是产业协会组织在社会主义市场经济中表现出来的一个特色。

第四，坚持服务为本，创新工作方式。

社会主义市场经济下的产业协会既不是管理机构，更不是利益团体，它的本质是服务性质的社会组织，通过为企业服务，为政府服务，发挥桥梁纽带作用，促进产业得到发展，因此，产业协会应该追求服务最大化。

中国纺织工业联合会的历史不长，但是目前的工作方式和工作内容已经比较丰富而有实效。这主要来自三个方面：一是吸收过去专业管理部门开展行业工作的一些方式方法；二是借鉴国外协会组织多年运行经验和改革开放后我国较早成立的协会组织的工作经验；三是结合实际工作开展创新。

中国纺织工业联合会的工作方式主要有以下几点。

一是搭建各种平台，实现充分沟通。比如商贸平台，中国纺联主办的在国内举行的“中国国际服装服饰博览会”“中国国际面料和辅料展”“中国国际纺机展”“中国国际家纺展”“中国国际纱线展”“中国国际针织展”等都是全球数一数二的大展，每年办展总面积在百万平方米，不仅成千上万的国内企业参展。而且几十个有纺织产业的国家都来参展。同时中国纺联组织的境外展，如美国展、欧洲展也获得了企业的热烈响应和积极参展。又如会议交流平台，中国纺联及专业协会主办的国际会议，如“全球纺织经济论坛”“国际棉纺织会议”“国际毛纺织会议”“国际麻纺织会议”“国际化纤会议”“国际针织会议”“国际家纺会议”“国际印染会议”“世界布商大会”“全球纺织供应链大会”等，召开这些大会，除了让国际纺织业界充分交流外，还旨在让世界了解中国，让中国纺织产业和企业充分国际化，和世界接轨。而行业内部召开的各种工作交流、技术交流会议也很频繁，由于针对性强，有的放矢，所以也受到企业欢迎。

二是创立各种跨行业、跨地区、跨不同性质单位的合作方式和组织，解决行业发展问题。比如成立联盟实现协同创新、集成创新，像“化纤产业技术创新战略联盟”“产业用纺织品技术创新联盟”“中国绿色无染纺织品创新联盟”“新一代纺织设备产业技术创新联盟”“中国服装智能制造技术创新战略联盟”等，还组织各种产业对接会，让上下游产业、相关产业相互衔接建立合作关系，甚至互相投资，融为一体发展，贯通产业链，稳定供应链。

三是树立行业榜样、标杆，鼓励行业内向先进学习。比如评选全国纺织行业劳动模范、先进集体；评选纺织教育优秀教师和学生；评选全行业或各专业、各领域先进人物，像优秀企业家、领军人物、突出贡献者、学术带头人、创新人物；评选全国纺织工业科学技术奖、产品开发贡献奖、质量奖、管理创新奖、服装设计金顶奖、十佳设计师、品牌服装大奖、家用纺织品设计奖、纺织教育教学成果奖、优秀QC小组、新锐品牌、纺织行业企业竞争力500强、专业100强；命名中国纺织产业基地市（县）、中国纺织特色名城（镇）、产品开发基地、精品生产基地、各类先进企业（节能减排、两化融合等）。全国性产业协会开展这类工作是利用自身的权威性、公平性来为行业树立典型，让全行业向先进学习，提高自己。这些互动不仅仅是对企业（或个人、集体、单位、区域）所做的努力给予肯定，对他们所取得的成绩给予荣誉，让他们宣传有据，提高社会知名度和影响力，而且对协会本身来说，这是汇集、汲取行业精华的过程，从而凝练出行业、专业或领域发展的一些经验、思路、途径，引导行业走在理想的轨道上。当然，进行这类活动，关键不在多少，而在于是否恰到好处，恰如其分，不应办滥，同时要严防出现为了小团体利益甚至个人利益而出现“益誉交换”的问题。

四是培养公益力量，支持行业发展。一个行业里面有很多公共事项要做，而且有些工作还要用公益工作的形式去开展，做得越多，对行业发展越有利。像科技教育事业，2008年中国纺联在原“钱之光科技教育基金”的基础上向民政部申请注册“纺织之光科技教育基金会”，正式获批。原基金是在20世纪90年代为继承和发扬钱之光老部长开拓中华人民共和国纺织工业艰苦创业的精神，推动科教兴纺，而由中国纺织工业总会（原纺织工业部）发起而创立的，每年都奖励全国纺织高等院校的优秀教师和学生。2008年改建成“纺织之光科技教育基金会”以后，陆续有几十家纺织企业慷慨解囊予以捐赠。到2019年底，基金会净资产已达1.3亿元。这些年开展了纺织行业科技成果奖励、支持科学研究项目和推广科技成果项目、纺织高等院校和职业技术院校的优秀教师与学生奖励、纺织院校优秀教学成果奖励、全国纺织技能大赛优胜者奖励等若干项目，1997～2019年总计投入9000余万元，支持表彰奖励纺织科技奖1473项、优秀教师和学生4028名、优秀教学成果奖1555项、针织内衣创新贡献奖111项、应用基础研究55项、科技成果推广292项、全国纺织行业技术能手265名、技能人才培育突出贡献奖16人及28家单位。“纺织之光科技教育基金会”成为推动纺织产业前进的一股强力。据了解，这个基金会是我国加工工业中第一个产业科技教育基金会。目前“纺织之光科技教育基金会”还包括各方捐资专项用的“针织内衣创新贡献奖”“纺织科技特别贡献奖（桑麻学者）”“纺织服装流通领域科技奖”等。中国化学纤维工业协会也筹资建立了“绿宇基金”“恒逸基金”，用以奖励对中国化学纤维行业发展有益的研究和成功实践的项目。

如何认识在社会主义市场经济环境下产业协会的地位和作用，尤其是全国性产业协会的地位和作用，应该是在加强国家治理，深化改革中继续研究的一个课题。现在同样叫“协会”这一称呼的社会组织各种各样，但不同界别所起的作用是不同的，文化艺术界的协会和产业界的协会就完全不相同。

2020年初爆发的“新冠肺炎疫情”使得口罩、医用防护服等非织造布制品瞬间成为重要物资。这些物资产品的生产立刻成为迫切的国家大事。中国纺联旗下的中国产业用纺织品行业协会春节前在获悉武汉疫情和党中央的决定之后，立即主动开展工作，1月23日将平时所掌握的情况和即时与相关生产企业进行联系的情况，及时汇总出全国口罩、医用防护服的库存、生产能力和企业布局等情况，将准确的信息汇报给国家有关部委，并且在25日向会员企业、产业集群发出提前复工，保障口罩、医用防护服等主要物资供应的倡议书。27日协会开始全面办公，协调解决企业在生产过程中遇到的政策、原辅料供应、标准、产业链协作、物流等事项。中国产业用纺织品行业协会在抗疫斗争中的表现得到了国务院国有资产监督管理委员会的表扬。

上述情况也充分说明，不同界别的协会组织，国家要进行不同的管理。从我国实体经济发展实践中看，国家有关管理部门要充分发掘产业协会组织的价值，更好地发挥它在社会主义市场经济中的作用。政府应该把产业协会作为一个不可或缺的助手使用，在管理上既要防止它不被办成利益集团或官僚机构，也要提供一定条件让它不去办成利益集团和官僚机构。

中国纺联“联合舰队”的服务工作是面向全行业的，是“普惠”性质的，当然包括产业集群在内。下面再介绍一下中国纺联在建设产业集群上做的工作，可以更好地反映出社会主义市场经济下产业集群中协会组织的作用和特色。

（1）搭建“全国纺织产业集群试点”工作平台，各产业集群地区自愿加入，中国纺联与其政府实行联合共建。2002年以来，先后有239个地区加入试点行列，这些集群地区有纺织企业近20万户，从业人员约900万名，纺织经济占全国纺织经济总量的45%左右。

（2）中国纺联每年召开一次产业集群工作会议，中国服装协会、中国棉纺织行业协会、中国毛纺织行业协会、中国针织工业协会、中国家用纺织品行业协会、中国产业用纺织品行业协会、中国长丝织造协会等协会也每年召开各自专业的产业集群工作会议，会议的主要内容是交流情况，包括形势、经验、问题、工作设想、生产技术等多个方面，并寻找各种协作机会。

（3）为产业集群地区争取国家有关部门的政策支持。

（4）帮助数十个产业集群地区制定产业发展规划。

（5）指导、协办、参加数百场产业集群地区组织的各类活动，大力支持其宣传区域品牌活动。

（6）在中国纺联主办的各个展会上为产业集群地区开辟专门展区，组织集群地区企业到国外办展或参加当地国际展会。

（7）推动产业集群地区进一步国际化，例如把重要的国际会议安排在产业集群地召开，组团到国外参观企业或参加会议，进行学习、交流、合作。

（8）组织产业集群地区对接会，贯通产业链，实现上下游衔接。

（9）举办各类人才培训班和科技成果推广活动，请产业集群地区参加，许多活动安排在产业集群地区举行。

（10）2006年中国纺联专门制订了纺织企业社会责任准则，即CSC9000T，这是中国产业界第一个行业社会责任标准，得到国家有关部门和国际社会组织的认可，也在产业集群地区广泛推广。

（11）在产业集群地区建立了15个纺织品检测中心，23个纺织面料馆。

第四章 PART 4

关于社会主义市场经济下产业集群产生发展的逻辑思考

在第一章第三节里，已谈到计划经济时期下的中国纺织工业由于坚持抓基地、抓纺机、抓原料、抓科技、抓教育（包括培训），无论在全国或是在上海、天津、河南、河北等地区都形成了差不多的组织架构。管理部门则起着指挥、联结、协调的作用，用现在的眼光分析，也可以说那就是产业集群，尽管在相关产业上并不丰满（主要是受到科技水平、部门分割管理等影响），但大体上具备了现在概念中的产业集群的诸个要素。然而，以前的基地与改革开放后的产业集群又有相当的不同。一是资源配置不同，那时是政府配置资源，而现在是市场配置资源；二是产品上市方式不同，那时产品是计划分配，现在产品是进入市场竞争。所以，这也恰恰说明了产业集群其实就是一种产业经济的空间组织结构形式，在计划经济和市场经济下都可以存在。

我们看到，过去我国社会主义计划经济下的纺织基地是成功的，波特笔下资本主义市场经济下的产业集群是成功的，我国自改革开放后，在逐步探索建立社会主义市场经济情况下，纺织产业集群爆发式地出现和发展，同样也很成功。这不是偶然，而是在创新建立的社会主义基本经济制度下，产业集群这种产业经济的空间组织结构形式的优势可以展现得更为明显。

下面从形式逻辑的角度分析产业集群在社会主义市场经济下发展的条件及其归宿。为什么从形式逻辑的角度分析，主要是因为现在建设产业集群，应该注意怎样充分发挥我国基本经济制度的优势，克服旧有的弊端，把这个具有很大优越性的空间组织形式运用好，在市场竞争中占据上风，同时也认为，我们不能就产业集群论产业集群，还应该跳出产业集群看产业集群，实现发展经济、发展产业的根本目的。

第一节　圆凳说

我的逻辑分析是采用假言判断的方式，即条件与结果关系的判断（或称条件判断）。在社会主义市场经济背景下，设定产业集群是结果，那么具备哪些条件才能获得这个结果呢?

假设一个完善的产业集群是一个圆凳（图3），三条凳腿就是产业集群的三个必要条件，即市场、环保和政府。凳面则由四个部分组成：虚线三角形内是产业集群的特别领域的企业，也就是常说的特色产业，三个弧边形分别是产业集群的三个充分条件，即上下游和相关产业、生产服务性行业与机构、教育科技及协会单位组织（注意，之所以用虚线，是表示特色产业是可以向外扩展的）。可以看出，这个凳面大体上也是波特产业集群概念的范围。

假言判断告诉我们，必要条件是这样一种条件，即“无之

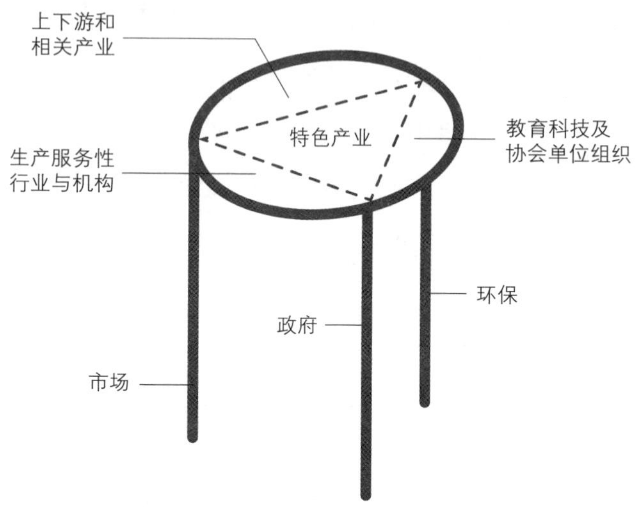

图3　完善的产业集群结构形式

必不然，有之未必然”，而充分条件则是“有之必然，无之未必不然”。

对于产业集群这个结果，上边所说的市场、环保和政府是三个必要条件，缺少一个则产业集群最终不能成立。而那三个充分条件，如果特定区域内都具备，则是理想的、完善的产业集群；如果有所缺失，也不影响，由域外补充，结为一体，仍可看成是完善的集群（实际情况中很多集群属于此形态，况且特定区域可以变化）；如果三个充分条件都存在不确定性，但通过市场等各种方式来解决，那么这个产业集群也还是完善的。

总之，只要三条凳腿在，虚线三角形凳面在，它就是一个凳子，只不过不是一个圆凳，不算是完善的产业集群。然而，既要采用产业集群的方式发展产业，就要努力创造三个充分条件（要根据实际情况，也没有必要都在域内完成），从而形成一个圆凳，一个完善的产业集群。

这里要强调的是，不是说产业集群在形式上具备了，就可以屹立住，最终成败是要看其组成部分的表现及相互之间的互动程度，这是关键。也正像波特谈到钻石体系时说的那样，“钻石体系是一个互动的体系，它内部的每个因素都会强化或改变其他因素的表现……。当竞争优势的关键要素逐渐消失时，产业本身的竞争优势也同时在退化。”[1]这意味着钻石体系也失去了作用。产业集群亦是如此。

从改革开放以后纺织产业集群经济的实际发展情况来看，是符合上述逻辑判断的。

第二节　三个必要条件

必要条件之一：市场

从广义上可以这样理解，任何一种产品生产出来，社会需要，有人消费，有人买，能变成商品，不论是在国内，还是在国外，这就是市场。如果没有市场，生产企业不可能生存，作为多

[1] 中信出版社《国家竞争优势（第 2 版）》上册，第 116 页。

个同类企业聚集的集群更不可能存在。所以市场就是圆凳的一条腿，缺了这条腿不行。

我国纺织产业集群在改革开放以后能够爆发式形成，一个重要原因在于市场，无论国内还是国外，都提供了巨大的空间。

在国内，1980年时人均纤维消费量只有2.84千克，而当时世界人均纤维消费量已达7千克，我国与世界相差很大。我国人口众多，不仅总量缺口大，而且还有服装成衣率低，品种、花色、款式单调，少有各类家用纺织品和产业用纺织品等结构性问题，这种严重的短缺经济，一旦遇到机会就会极大地刺激生产来满足人们的需求。同时，改革开放以后允许私人贸易，倒买倒卖，从事纺织服装贸易的人越来越多，乃至聚集到生产地区“家门口”买货卖货，还有些贸易商也投资办企业，实行前店后厂。所有这些商户本身就代表了市场，并且通过有形市场表现出来。现在回过头来看，有相当一段时间，纺织服装几乎做什么产品都好卖，都有市场，都赚钱。

在国际，由于我国实行改革开放政策和国际上产业转移两个方面相互促进，国际投资商、贸易商都找到了我国这块生产成本洼地，他们都是怀揣着“市场”来的，手里带有大量订单，他们下单的产品不担心没有市场，而且我们对投资商往往还有一些附加条件，就是要求他们要有一定比例的产品返销国际市场。

所以，在那一段时期，在市场条件上给我国纺织产业集群的形成和发展创造了十分有利的条件，成为一条非常结实的凳腿。

但是，形势没有一成不变的。这些年来，我们遇到大量的改变市场条件的情况。比如，我国企业的生产成本大幅度上升，再也不是成本的洼地，而其他发展中国家则形成了新的洼地，国际订单大量转移；国际贸易战不断，如中美之间残酷的贸易战；还有飞来横祸，“新冠肺炎抗疫战”，国际国内市场大幅度萎缩；国内消费升级，时尚潮流变幻，营销方式革命性改变，网购、线上支付、移动支付大发展，原先区域内的专业市场，出现地域概念淡薄了、内销外销混搭了、线上线下融合了，甚至主业特色经营也不那么纯粹了。市场变得飘忽不定。

现在，毕竟搞的是市场经济，产业集群是处在市场竞争下的产业集群，它不能失去市场，没有了市场的产业集群只能被瓦解掉。从实际情况来看，不仅已经形成的产业集群要很好地面对市场问题，而且，产生新的产业集群也变得困难了。这几年，在产业转移、建立园区的工作中有一些不成功的例子，其中重要的原因是欲“打造”产业集群，但没有认真研究市场条件是否具备。

必要条件之二：环保

改革开放经济发展初期，老百姓想的多是如何发家致富，如何创业赚钱，各级政府想的多是如何吸引投资、搞成项目，发展地方经济，而面对环境保护问题，从老百姓到政府官员很多人没有在意。他们或是不明就里，“无知无畏”；或是赚钱心切，不计后果；或是不予重视，不以为然；甚至也有想走先发展、后治理之路的。因此，现时出现不少以牺牲环境为代价，求得发财赚钱、经济发展的现象，而一些产业集群也是在这些基础之上开始形成的，像化工、建材、纺织、金属制品等行业都存在。从纺织服装行业来讲，各种纤维纺织品的织造行业、印染及后整理行业、色织行业、粘胶纤维行业、牛仔服装行业等就面临着大量的环境保护问题。在没有充分认识和解决污水治理问题的状况下，这些行业在短时间内也形成了很多企业聚集生产的地方，形成了若干个产业集群地区。

比如广东省增城市新塘镇，这是一个80多平方千米，常住人口不足十万的农村镇，过去没什么工业。20世纪80年代初期，在改革开放大潮下，镇里一家镇办企业与香港商人合办信托制衣厂，生产出全镇第一条牛仔裤，接着全镇牛仔服装行业就蓬勃发展起来。21世纪初，全镇已拥有2600多家牛仔服装企业，从业人员达十万人，日产牛仔服250万件，形成了纺纱、染色、织布、整理、印花、制衣、洗水、漂染、防缩等产业链完善的牛仔服生产系统，成为全国最大的牛仔服生产基地之一。

再如江浙一些地区，历史上民间就有“三个缸”的传统，即“酒缸”“酱缸”“染缸”，纺织品染色的作坊在此一带很多，就是计划经济公有制时期，也是有不少集体企业做染色加工的。改革开放以后，多种所有制经济快速发展，作为传统的产业，顺理成章，印染业铺天盖地发展起来，绍兴、南通、吴江等地都是如此，像柯桥区（原绍兴县）在21世纪初，印染布产量已达惊人的65亿米，这和1978年全国生产的印染布产量持平。

这么快速的发展，污水处理的速度肯定是追赶不上产生的速度（况且一些地方根本没有工业污水处理系统），污水排放肯定达不到标准，而且还有不少偷排的企业，致使环境遭到严重破坏。

可以说，一些产业集群开始是建立在环境透支基础上的，是欠了债的，照此发展，集群是没有出路的。随着国家对环保问题的重视，情况开始好转。政府法令不断出台，更加完善，环保标准更加严格，社会舆论监督日益增强，加之自身醒悟，广大产业集群地区不断采取措施，不惜停产，关厂，迁移集中，重金改造，开始不欠环境新债。亡羊补牢，吸取教训，迅即采取措施补救的集群会重整旗鼓，虽然企业会减少，产量会降低、生产成本会上升，但保住了环境，通过在科技创新等方面努力，仍可实现发展。而在环保问题上产生的一丝犹豫，各项改进措施不到位，最终难逃集群覆灭之结果。江苏盐城市响水县生态化工园区就是典型的例子。

过去整个国际社会，包括我国在内，对环保问题抓得不够紧，这些年不同了，环保问题是不折不扣的一个硬标准。

必要条件之三：政府

政府对产业集群的形成和发展具有重要的作用，波特也认为政府是一个重要的角色。但是在社会主义市场经济下，政府则是产业集群形成、发展的必要条件之一。这里先举两个例子，说明这个结论。

深圳市是改革开放以后诞生的经济异常活跃的城市，纺织服装业是其中的行业之一，不仅服装业强大，而且一些印染企业在全国也是名列前茅。2003年深圳市根据本地的情况，市政府经过研究，决定印染行业不能在本市发展，原有的印染企业必须限期关闭或搬迁至其他地区，今后一律不准批建此类企业。虽然服装行业与印染行业是关系密切的上下游行业，而且深圳服装业也需要大量的面料，但这个决定表明印染行业产业集群肯定在深圳市是形成不了的，有基础也不行。深圳市服装业所需面料将通过市场或者与外地面料行业产业集群合作来解决。

另一个例子就是辽宁省康平县。康平县是沈阳市管辖的一个县，过去比较贫穷，工业基础十分薄弱。为了发展经济，在辽宁省、沈阳市的规划下，该县在2002年开始建设经济开发区。没有产业，康平县政府就派人到全国各地招商引资。招商的同志到南方看到塑料编织行业兴旺，但存在土地紧张、成本渐高等问题，已成为发展的瓶颈。康平县政府认为，本县有土地、有劳动力、用工成本低且产品在东北有市场，可以在康平大搞塑编业，于是招商的同志就千方百计争取那里的企业到康平投资办厂，甚至晚上去敲企业老板的家门，做工作。功夫不负有心人，康平县从零起步，开始了塑编产业的发展。2005年康平县从经济开发区划出5平方千米作为塑编产业园，从各个方面支持塑编产业的发展。十几年来，塑编业不仅成为康平县头号支柱产业，而且成为东北地区最大的塑编产业基地、全国和国际上知名的塑编产业集群，园区内建设的康平塑编研发检测中心具有国际水平。

深圳市和康平县的情况说明政府成为产业集群形成发展必要条件的两个比较特殊的案例。但是，要确定这个必要条件的成立，还需要更多的具有普遍意义的例证，才能说明在社会主义市场经济下，政府对于产业集群的必要作用，主要是三个方面：一是产业集群需要政府多方面的政策支持，二是产业集群需要政府创造良好的市场环境，三是产业集群需要政府建设相应的社会生活环境。下面分别介绍。

第一，关于政策支持方面。

波特曾说，政府掌握的政策工具很多可以用（第二章已做介绍），我们注意到那些工具我们不但可以用，而且各级政府掌握的政策工具更多，比如，制订地方发展规划并组织各方力量实施，实际支配地方财政收入的权利，被国家批准的工业用地指标使用导向，调节地方税收的权利，建设公共服务设施、公共服务平台的能力等。政府支持得越多，产业集群发展得就越快，在产业竞争中处于有利地位。下面举两个案例，这是发展比较成功的产业集群，可以看出他们的政府对产业集群支持的力度。

桐乡市是浙江省嘉兴市所属的一个县级市，面积727平方千米，常住人口82万人。改革开放前，桐乡工业不强，然而改革开放后立志工业立市，多少任领导持之以恒，抓住几个行业不松手。纺织工业是桐乡市最主要的支柱产业，2006年工业总产值就占全市工业总产值的64%，其中化学纤维行业和羊毛衫行业产业集群不仅全国闻名，而且世界知晓。到2018年，全市化纤长丝产量达502万吨，在全世界独占鳌头，羊毛衫产量约7亿件，市场交易量达12亿件。改革开放以来，桐乡市政府包括所辖镇政府发出众多文件，实施多项政策，支持产业发展，仅仅在最近三年就有数十件，包括整体产业发展战略部署到支持企业发展惠企政策，面面俱到，特别是惠企政策，涵盖了人才支持、知识产权、科技创新、科技金融、转型升级、产业发展、市场扩展、发展环境等各个方面。比如在产业发展中就有工业设计奖励细则，企业提档创强奖励细则，生产性投资奖励细则，管理创新扶持资金奖励细则，企业信息化建设奖励细则，获省级及以上科技项目、平台、企业奖项奖励实施细则等。比如在人才支持方面，有海外留学回国人员专业技术资格认定管理办法，紧缺人才专业技术资格认定管理办法，关于对企业猎头引才进行补贴的实施办法，企业外出招聘补助实施办法，高层次人才工作津贴、购房补助、租房补助和继续教育奖励的通知，市级以上创业创新领军人才和重点产业企业高层人才社会保险补助的实施细则，引进人才及家属在桐落户实施办法，顶尖人才、高端人才及其配偶子女参加社会保险的通知，入住人才公寓申请操作细则，高技能人才队伍建设行动计划实施意见，等等。再比如在科技创新方面，有高新技术企业认定管理办法，科技计划项目管理办法，科技项目经费管理办法，科技创新券实施管理办法，企业研发经费财政补助管理办法实施细则，等等。

海宁市是浙江省嘉兴市所属的另一个县级市，面积668平方千米，常住人口83万。改革开放以后，纺织经编行业、家纺行业、皮革行业乘势而起，成为海宁市的支柱行业。2006年时，纺织行业工业总产值就占全市工业总产值的40%，历年来，海宁市政府不遗余力，不断出台各种改革措施支持三个传统产业发展。2011年1月1日起施行的《关于加快推进我市经济转型升级的若干政策》文件中，具体规定了“鼓励有效投入”“鼓励创业创新”“鼓励创建品牌”“鼓励开拓市场”“鼓励绿色发展”“鼓励高效产出”六方面共计97项奖励措施。还有政府批准通过的《海宁市皮革经编家纺三大传统产业提升规划（2012—2014）》。这些文件所制定的政策措施是当地产业集群得以发展壮大的实实在在的支撑。

这里不得不提的一个问题是，正因为政府对于产业集群的重要作用，所以政府领导者的执政思想极其重要，他们必须有科学的头脑，不能瞎折腾。地方领导的更换比较频繁，如果一任领导一个发展思路，没有连续性，对产业集群发展是非常不利的。大凡搞得好的产业集群，首先是当地领导思想统一，往往一张蓝图绘下去，越做越完善。在这个问题上是有经验教训的。

第二，关于创造良好的市场环境方面。

我国是法治国家，全国人民代表大会立法，法院、检察院司法，政府执法，法律体系基本完善。执法方面的表现对能否建立良好的市场环境至关重要，也直接影响到产业集群经济，这可以举出好几个方面的案例。

比如环保执法问题。2019年3月，江苏省盐城市响水县生态化工园区发生重大事故，除去企业责任外，政府监管部门监管职责不到位，不同程度存在违规行为，园区对企业长期存在的重要风险隐患视而不见，对此，江苏省对61名公职人员进行问责和相应处分，响水化工园永久关闭，这个产业集群也就消失了，涉及亿元以上投资的企业达68家。浙江省绍兴市柯桥区、江苏省苏州市吴江区、浙江省嘉兴市秀洲区、浙江省湖州市长兴县等都是纺织工业织造、染整行业的重点区域，这些行业生产过程会产生大量废水，需要处理。众所周知，过去相当长一段时间处置得并不好，但是，随着形势的发展，当地政府坚持紧跟国家环保法律法规要求，对环境问题零容忍，采取了各种措施进行补救，使得这些地区的纺织产业集群能继续保持发展。

比如职工权益保护问题。我国改革开放初期，为什么国际上加工工业大量向中国转移？为什么国内非公经济在加工工业猛然崛起？很重要的一个原因是人工成本低，大量员工不仅工资低（月工资表现还可以，但这是在长时间加班、没有休息日、计件工资的基础上获得的，单件工资并不高），而且缺少医疗保险、养老保险，还有员工的生活、居住条件十分简陋（大量是外来务工人员），同时劳动环境也存在问题，比如场地狭小，光线不足，甚至环境有害，这里不仅是企业，个体生产户也是如此。这种情况持续了一段时间，客观地说，出现这些情况体现当时中国的国情。

但是，随着国家的进步，相关法律法规的不断完善，情况逐渐改善。比如制定了最低工资标准，规定了加班时间的限制，加班工资计算，休息日的保障，实施了医疗保险、养老保险、劳动保护要求等，这一切都是为了保护广大职工的利益，实行得如何当然是政府的职责。而另一方面，企业各方面成本都上升了，可能多头受挤，那么征收企业的税费合理不合理，该不该调整，有些应该实行的扶持政策是否实施了，这也是政府的职责所在。

比如关于企业出现欺诈、假冒、质量、诚信等问题。“一粒老鼠屎，坏了一锅汤”，这会严重影响产业集群地区的声誉，政府也应该监管到位，处罚得当，刹住不良风气。

比如防火安全问题。企业防火是否符合要求，监管责任在政府。2006年，浙江省湖州市吴兴区织里镇这个全国闻名的童装名镇，37天里接连发生两起火灾，死亡人数达23人，原因是大量工厂“三合一模式”（生产、经营、居住三合一），这是不符合防火要求的。后来各级政府投入3.5亿元，将13800个房主（业主）1060幢建筑的生产区、生活区进行分离、彻底改变现状，才使得这个童装集群正常发展。

第三，关于建设相应的社会生活环境方面。

产业集群终究也是一个人员比较集中的地方，不管是生产操作者，还是生产管理者，不管是家属子女，还是其他产业人员，总之是在原基础之上构成了一个人员更加集中的社会区域，在不同的时期，人们对社会生活环境会有不同的要求。

比如说劳动力问题。改革开放以后，我国制造业的产业集群爆发式出现，但大多不是在一、二、三线城市，这是因为，城市一没有土地，二没有廉价劳动力，新企业很难产生，产业集群主要是在县、镇区域里萌芽，劳动力除本地农民外，大量从经济不发达的地区云集而来，尽管这些打工者开始住宿很差，生活条件不好，工资待遇不高，社会福利享受不到。但是由于有工作干，有钱赚，所以打工者一拨接一拨，持续不断，延续多年，成就了产业集群的形成。但当时那些年是可以的，后来就不行了，“用工荒”开始出现。原因很多，如工资相对较低，工作环境较差，没有养老保险，医疗保险或不能异地结转，带家属子女来居住条件太差，住房买不起，孩子不能入托、就学，甚至工作单调、乏味、缺乏文化生活，等等。这些问题开始时是企业解决，涨工资、加奖金、给加班费，春节时包长途汽车、买火车票，甚至买飞机票接送工人，若节后能带新人来工厂工作还给以奖励，上不了保险，直接发钱，企业能做的，也不过如此。但保险问题、户籍问题、子女入托就学问题、住房问题等，就要靠当地政府解决，甚至靠国家统一的政策解决。解决劳动力的基本问题要靠政府的作为。

湖北省仙桃市是“中国非织造布产业名城”，全市共有千余户非织造布及制品企业，生产的上百种产品用在医疗、日用、环保、服装、电子、汽车、航空航天等方面，产业前景很好。但是这个产业的一个主要特点是需要大批劳动力，而这些工作又相对枯燥，因此招工、稳定劳动力很重要。仙桃市政府急产业之所急，帮企业所需，专门批地给企业建设职工商品房小区，采取“三家抬”的办法，即政府、房地产开发商、企业三方，不以营利为目的，市场化运作，以较低的价格卖给职工，在企业工作半年以上的职工就可以购买，企业可贷款给职工，若干年内不得上市交易。并且根据职工自己的意愿，政府可以帮助解决户口问题，此举一定程度上帮助企业解决了用工稳定的问题，不仅使职工有住房、有户籍、有工作、有社会福利享受，使他们生活得有尊严，而且使农民真正成为了市民，这种做法是真正实现城镇化、巩固产业集群的举措。

现在在养老保险、医疗保险及异地结转方面，国家出台了政策，但这里仍有政府监督企业落实的职责。在户籍政策上国家也出台了政策，许多地方实行积分制。在子女入学方面也是如此，考验的是国家和地方政府在教育方面的投入，能不能满足要求。

还有人才问题。引进人才、留住人才，始终是县镇区域产业集群大声疾呼的问题，可以说这么多年来虽有改善，但远不乐观。为什么？原因当然很复杂，然而不可忽视的一条是，许多县镇甚至三四线城市的文化生活、医疗水平、教育质量、居民文明程度、居住环境、卫生条件等达不到理想要求。普遍县镇区域不仅外地人才引进难，就是本地学子在外地大学毕业后，回到家乡就业的也是寥寥无几，有的企业所有者的二代连接班都不愿意。

社会生活问题纯属政府解决的范畴，如果问题得不到改善或改善很慢，会严重影响劳动力的稳定，影响人才的招纳，而产业集群缺少了各类人员的聚集，就缺乏了发展的后劲。

我们国家不能长时间存在大量人员异地打工现象，这既不利于经济发展，也不利于老百姓实现追求美好生活的愿望，产业集群地区尤其如此。所以政府的责任是重大的。

第三节　三个充分条件

充分条件之一：上下游和相关产业

当产业集群的特色企业集聚形成并发展势头良好时，往往会产生扩张倾向，其规律是下游行业往上游行业发展，上游行业往下游行业发展，中间行业向两头行业发展，使产业链尽可能伸长，使本产业更安全，或更能增加附加值。而这时，相关产业也会聚拢过来发展。

纺织行业是属产业链非常长的行业，大体上分三部分。第一部分是原料行业，第二部分是初加工行业，第三部分是后加工行业。原料行业即纤维材料生产行业。除去棉、毛、麻、丝等天然纤维和动物纤维外，工业化生产的化学纤维已经占据了纺织原料的绝大部分，我国目前每年纤维加工量5000多万吨，其中80%左右是化学纤维。化学纤维又分若干品种，不同的纤维生产不同的纺织产品。初加工行业即传统上所讲的纺纱、织造行业，现在还有非织造行业。后加工行业包括染整以及包罗万象的产品制造行业。在这个很长的产业链中，每个环节、每个产品都可能形成一个有特色的产业集群。

与纺织行业密切相关的，或者说某些也是纺织行业本身组成部分的还有若干个行业，如纺织机械器材制造行业、染化料行业、用各种材质生产产品的纺织服装辅料行业、设计行业等。所以纺织产业集群中所谓上下游和相关产业的板块相当重要，甚至可以决定某些特色产业集群的发展前途和命运。因此许多特色产业集群纷纷向上下游发展，这样做的好处是，既巩固了原特色产业集群的地位，又借此基础发展了新的产业，从而壮大了本产业集群的实力，提高了市场竞争优势。

比如福建省福州市长乐区，过去叫长乐市，辖区面积658平方千米，人口72.5万，1979年才成立了第一家纺织企业，叫金峰港口针织厂，是民间集资办的集体企业。当时工厂仅有2台经编机和8台有梭织机，就是这个厂带动了长乐人以各种形式集资兴办经编厂和针织厂，不到两年，金峰镇就涌现出3000多台织机，1982年底长乐就有了45家纺织企业，1988年达到410家企业，产值比1983年增长了31倍，成为全国最早的经编产品集群地区，花边产品享誉全国。1992年，邓小平南方谈话以后，长乐出台了扶持民营企业发展的28条规定，民营企业步入“高、大、外”发展的快车道。1996年纺织企业达696家，工业总产值比1993年增长

5倍，并出现了首家产值过亿的企业。在经编产品实力雄厚和化纤纺纱产品渐成气候的基础上，长乐纺织业向上游产品化学纤维行业进军，力恒锦纶、凯邦锦纶、山力化纤、宏鑫化纤、振华化纤、宏杰化纤、金纶石化、力源锦纶等陆续诞生并大笔投资发展锦纶、涤纶等化学纤维产品，满足本地纺织企业的需求。嗣后，长乐更是推动PA66，CPL，PTA等石油化工项目建设，使化学纤维行业继续向上游延伸。同时长乐纺织业也向下游印染行业发展，并且大力开发、生产各类经编机械。到2018年，长乐区共有纺织行业1306家，工业总产值1936亿元，年产各类化纤纱330万吨，锦纶民用丝产能达150万吨，成为全国最大的民用经编产品生产基地、最大的锦纶切片生产基地和全球最大的锦纶民用丝生产基地。2017年，长乐在全国综合实力百强县中排名第47位。

江苏省苏州市吴江区盛泽镇与福建省福州市长乐区纺织历史大不相同，早在500年前，这个地区就已经是中国著名的丝绸生产和销售的聚集地，古云“日出万绸，衣被天下”就是指这个地区。种桑、养蚕、缫丝、织绸这个传统一直延续下来。中华人民共和国成立后，盛泽镇是全国最重要的真丝绸生产基地。1957年，盛泽新生丝织厂生产了第一批人造纤维丝绸，原料结构开始改变。1967年又开始了合成纤维丝绸的生产，丝绸总产量提升了。但是80年代以前，盛泽镇织绸行业所用的人造丝、合纤丝主要依靠外地供应。为了解决织造原料问题，1985年，新华丝织厂建成了涤纶长丝生产线，填补了空白，1987年吴江地区又生产出锦纶长丝，进一步丰富了原料。到了90年代，具备了一定经济实力的乡镇企业纷纷把目光投向了化学纤维制造业。1992年做织造的鹰翔集团开始做切片纺，2003年又在全镇建起第一家熔体直纺项目。几乎同时期，靠化纤面料染整起家的盛虹集团、靠化纤织造业积累资金的恒力集团也开始向化纤行业发展。到2008年，盛泽镇的化纤生产能力达到年产200万吨的规模，盛虹集团成为全球领先的超细纤维生产基地。不但如此，恒力集团、盛虹集团还向化学纤维生产的上游PTA，甚至PX这些石油化工领域进军，实现炼化一体化。2018年，恒力集团名列中国民营500强企业第8位，盛虹集团名列第25位。盛泽的化纤产业不仅极大地支撑了织造业的发展（2018年盛泽镇有织造企业2500家，织机13万台，全部是无梭织机，全年化纤布产量96亿米，印染布产量31亿米），而且也成为世界闻名的化学纤维产业基地（2018年化纤产量260万吨）。

在特色鲜明的专业产业集群中，有一些上下游企业或相关企业存在同一区域中固然是好，但也不是完成这一集群的唯一方式。两个各具特色的产业集群互为上下游关系，尽管地理位置不在一个区域里（有时区域也是相对概念），但可以互为对方的一个组成部分，依旧可以构成凳面的一个弧形边。

河北省清河县1978年开始加工动物纤维。经过几十年的发展，如今清河县形成了年加工各种动物纤维50000余吨、纺纱7000吨的生产能力，成为重要的生产毛衫、毛呢的原材料基地

（现在也具有织衫3600万件、织呢500多万米的能力），是毛衫生产聚集地不可或缺的伙伴。浙江省桐乡市濮院镇是毛衫生产、销售大镇，2018年全镇有毛针织企业7500多家，年产毛衫7亿件左右。多年来两个特色不一的集群地区一直关系密切，濮院人到清河办企业，清河人到濮院常驻进行销售，互相促进发展，濮院镇毛衫生产的原材料大部分来自清河县，两个地区做到了互为补充，完善了产业集群的结构。

还有一种方式，某特色产业集群区域内缺少上下游企业或相关企业，还可以通过办专业市场的方式实现。

福建省泉州地区的服装生产是其主要产业，特别是所属石狮市、晋江市。其中石狮市蚶江镇的特色是裤业，灵秀镇的特色是运动休闲服装，风里街道的特色是童装，晋江市深沪镇的特色是内衣，英林镇的特色是休闲服，发展初期，本地没有多少面料生产企业，由于服装产量较大，带动了相关面料的批发市场，1995年石狮市建成占地500亩的鸳鸯池面料市场，成为全国最主要的休闲服装面料市场。通过专业市场也会使特色集群的组织结构得到完善。

这里还要讲一个观点，几个地域较小，但产业各不相同的产业集群地区，依靠互补性，往往会形成一个较大区域的相对完善的产业集群。比如泉州地区除石狮市、晋江市一些镇的特色服装集群外，还有石狮市宝盖镇是服装辅料服饰生产聚集地，有2200余家企业，生产的五金服饰配件、塑料服饰配件、电脑绣花、电脑织唛、下兰、商标、拉链、纽扣、尼龙扣、衬布等辅料产品不仅满足福建省的要求，还销往全国市场和东南亚、中东等海外市场，这种特色的集群地区在全国还找不出第二个。此外，石狮市鸿山镇专门生产各种休闲服装面料，晋江市龙湖镇生产差别化纤维和化纤布织造，泉州市丰泽区生产童装，所以总起来看，泉州地区构成了一个产业链比较完善的服装产业集群。

充分条件之二：关于生产服务性行业或机构

加工制造业产业集群之所以能形成很强的竞争优势，还有一个因素就是围绕集群生产产品的这个中心环节，有一批为生产提供服务的行业或机构，他们提供的服务越及时、越全面，集群的优势就越显现。

改革开放后一段时期，许多纺织产业集群在这方面还十分欠缺，集聚的企业差不多都是生产的组合，后来随着生产企业的实际需要，市场竞争参与度的加深，生产服务性行业逐渐发展起来，特别是政府出手以后，一些服务机构也不断建立起来，到了各类工业园区开始上马，服务先行就普遍出现了。

广东省东莞市虎门镇是生产服装的产业集群地，1978年有了第一家“三来一补”企业，而后服装加工企业如雨春笋般发展起来。到21世纪初期，全镇已经有上规模的制衣厂1000多家，年产各类服装逾亿件，商标4000多个，销售额达120多亿元，成为当时中国纺织服装行业名声显赫的产业集群地，并且从1996年开始以一镇之力举办中国（虎门）国际服装交易会，且持之以恒，年年举办，2005年举办的第十届交易会，短短五天进场观众竟达82万人次，虎门镇钟淦泉书记当时总结说，虎门镇已形成了八大集群，叫作企业集群、市场集群、店铺集群、客户集群、业者集群、产品集群、运输集群和配套集群。他所说的运输集群（30多家托运公司）、配套集群（上百家广告策划、文化传播、网络公司）等，都可以看成是生产服务性行业。从虎门镇可以看到，有些纺织产业集群的组织结构开始向完善起步。

前面曾提到中国纺联在2004年末于广东省佛山市南海区西樵镇召开了“全国纺织产业集群地区产业创新平台建设现场会”，参加这次会议的有全国96个纺织产业集群试点地区的行政领导和业内有关人士，广东省17个地市的主管工业副市长也列席了此次会议，这次会议对中国纺织产业集群经济发展有很重要的意义。这是因为，在纺织产业集群发展刚进入初级阶段时，杜钰洲会长就已提出了产业集群地区要实现产业提升，上一个新台阶，就要建立产业创新平台，也就是建设一个有效的公共服务体系。当时提的这个平台包括五大支柱，即技术开发、人员培训、质量检测、信息化、电子商务和现代物流。这是一个对纺织产业集群发展具有方向性的指导性意见，杜钰洲会长亲自培养出西樵镇这样一个建设产业创新平台的典型，现场会后很多集群地区都去参观学习。后来的情况也证明，建设富有成效的公共服务体系对于纺织产业集群中完善生产服务性行业和机构起到了重大的推动作用，提升了产业集群的发展水平。

由于不断探索、总结、学习、交流，纺织产业集群的公共服务建设内容不断丰富，水平不断提高。下面再介绍一个具有代表性的例子。

江苏省海门工业园区所在地原是南通市属下的海门市三星镇，改革开放后，这个镇的家用纺织品生产越来越形成气候，聚集了上千户企业，2000年时就有上万台专用设备，几十条国际先进的床上用品生产线，而且建造了专业市场“叠石桥绣品城”。后来，上级政府在此设立江苏省级开发区，实行镇区合一，大力发展家用纺织品行业，并以“叠石桥国际家纺城”为依托，积极配套发展服务性产业和机构，建造了一系列公共服务平台，产业集群的结构更加丰满，大大提高了市场竞争力，不仅促使海门的家纺产业大力发展，而且覆盖带动了周边8个县30多个乡镇的发展。目前，这一带的家纺企业有2500多家，从业人员50多万人，家用纺织品年生产能力产出价值达2000亿元以上。海门工业园区的公共服务平台包括国际贸易（涉及政务、商务）、海关监管、指数发布、流行趋势、质量检测、知识产权（版权）保护、家纺电商、现代物流、国际物流等多个方面，发挥作用成绩斐然。

在国际贸易服务中心，有工商、国税、地税、商务、外汇、公安出入境等15个职能部门进驻办公，10多家银行和金融机构进驻，其中6家金融机构获得上级行授权的开展离岸金融服务，中国银行、中国农业银行、中国工商银行、中国建设银行、招商银行五大银行成功开通国际结算、收结汇以及跨境人民币等涉外金融业务，大大方便企业外贸出口业务。到2018年底，累计报关5.37万票，通关出口达63亿美元，在叠石桥有511家商户、197家外贸公司、36家货贷公司、24家报关报检代理机构在开展业务。

叠石桥家纺检测中心按照国家级实验室标准、配置数十台进口全新的先进检测设备，可对纺织品进行全项目检测，年外贸产品检测达3000件（套）次左右。原三星镇版权管理办公室是2002年建立的，也是我国第一家镇级版权（家纺成品）管理机构，后升级为知识产权管理办公室，不仅海门工业园区被确定为“国家知识产权保护规范化培育示范单位”，叠石桥市场还被联合国世界知识产权组织列为版权保护优秀案例示范点。到2018年底，累计登记各类花型14982件，受理相关侵权投诉918件，完成调解731起。

叠石桥家纺（成品）指数是由商务部、中国纺联信息部、国家信息中心等牵头，依托叠石桥家纺产业集群和市场样本信息采集的国内首个家纺成品指数。叠石桥家纺指数主要包含“价格指数、景气度指数和经理人采购指数”三大类。到2018年已编制发布指数386期（次），现叠石桥家纺（成品）指数已成为世界家纺市场的风向标和全球家纺贸易的晴雨表，有效地确定了我国家纺行业在国际市场的话语权。

2004年建设的叠石桥物流园区已成为集运输、仓储、装卸、配载、配送、包装整理等为一体的多功能现代物流中心，园区内有物流企业56家，经营专线68条，覆盖全国300多个城市和地区，还有60多家快递物流公司在此建立分拨中心或开设经营门店，仅2018年物流中心就发送货物449万件，重量达128万吨。园区围绕“互联网+”，创新思维、创新举措、挖掘和整合资源，发展壮大电商产业形态，建设了我国第一家以家纺为主题特色的实体电商平台——叠石桥电商城。“中国制造海门叠石桥家纺产业带”上线电商达156家，平台月销售额超过4000万元，阿里巴巴速卖通叠石桥家纺专区在线企业36家，平台月销售额超过40万美元。

在产业集群地区积极发展本区域的生产服务性行业和机构中，作为政府还有一项很重要的工作，就是下力量培养本区域内生产服务性企业的发展。也就是说，政府通过注入政策和资源的支持，让这类企业发展壮大，更好地为主产业提供服务，从而最终替代政府做一些公共服务方面的事情，更好地体现市场配置资源的作用。

浙江省桐乡市濮院镇的华新集团是2000年才成立的企业，开始时做纺织原料买卖、小市场经营，由于经营得法，小有规模和实力。后来总经理沈建华感到桐乡市一带的毛衫行业非常兴盛，这里的个体户、小微企业很多，其中想做大生产规模的也不少，自己这个服务性企业也想做大，是否能共同发展呢？他想通过多方位服务让生产企业聚集发展，这个想法得到政府的支持。2005年政府批地225亩，开始建设“嘉兴毛衫业科技创业园”，两年建成。园内有11万平方米的标准化厂房，2.8万平方米的职工宿舍和食堂等配套服务区，3.7万平方米的良友国际商贸区。每个生产单元为四层独立小楼，共800平方米，每层都设定好功能区，甚至连设备的最佳布局都考虑到了。园区内配套建设打样中心、检测中心、财务公司、外贸公司、职工宿舍、食堂、活动室等，接纳了愿意发展办企业的个体户和小微企业共115家。几年下来有90户升级为公司制企业，2014年园区营业收入达13亿元，出口3900万美元，税金3900万元人民币（原115户每年每户只纳税1400元人民币）。这是华新集团办的第一代园区。2007年又在河北省清河市建设羊绒制品市场及创业园，可谓是第二代园区，占地220亩，增加了原材料收购、仓储、供应、成品展示、销售等内容，公共服务平台的签约合作机构达12家，还出现了两家金融机构，农村商业银行和小额贷款公司。园区划分为四个功能区，标准厂房18万平方米，商铺294间，安置了630户小微企业，2013年企业销售收入达20亿元。2014年华新集团在濮院镇又开始了第三代园区——“濮院毛衫创新园”的建设。园区公共服务内容又有新的增加和提升，有2.3万平方米的创意设计大楼，2万平方米的电子商务大楼，3000平方米的“企业成长学院”，培养学员企业，落实“个转企”“企升规”“规改股”企业成长计划，18万平方米的生产用房主要安排“智能设备毛衫制造企业”“自主品牌提升企业”入住。在园区内建有仓储大楼、人才公寓、食堂、酒店、图书馆、休闲空间、超市、通信等配套设备，全方位服务的公共平台，为企业提供技术研发、创意设计、打样制版、展示接单、产品检测、技术培训、融资担保、财务代理、法律咨询等服务。华新集团还联合信用联社，为入驻的每家企业设立200万元额度的成长基金，提供50万元额度以内的短期借贷，并提供给生产企业2000万元消费券，用于购买设计产品。华新集团用这样的服务内容为生产企业创造了良好的生态环境，创造了“华新产业集聚成长的模式”。政府只是在土地和资金方面运用市场行为操作，支持生产服务型企业，却使企业做了不少应由政府做的事，这确实是充分发挥市场配置资源作用的一个极好思路。

充分条件之三：科技教育及协会单位组织

产业集群需要有密切联系本行业的科技、教育单位和机构，能够为本地区企业不断提供（或合作提供）科技成果和人才资源，从而不断提高本集群地区的产业水平，巩固其领先地位或赶上更为先进的地区和企业，保持竞争优势，做到长盛不衰，任何产业都应如此，不论是新兴产业还是传统产业。如果能够在本区域内形成这一板块当然最好。下面举个例子。

计划经济时期，上海是我国最大的纺织工业基地。1978年，按照当时系统内统计，上海市纺织工业总产值占全国纺织工业总产值的22.86%，纺织行业主要产品产量，棉纱占全国的14.38%，棉布占13.24%，丝织品占16.08%，针棉织品占19.94%，印染布占20.28%，呢绒占33.98%。改革开放以后，随着经济体制改革的不断深入，市场进入竞争态势的不断深化，上海纺织产业在主要比拼成本的生产竞争中节节“退让”了，市场迫使上海逐渐放弃了一般纺织产品的生产，系统内纺织职工由最高时期的55万名逐渐减少到现在的两三万人。但上海纺织工业过去是全国的龙头老大，不仅仅表现在生产规模上，在科技教育上更是优势尽显。20世纪上海市纺织系统就有上海市纺织科学研究院、上海毛麻纺织科学技术研究所、上海印染技术研究所、上海色织科学技术研究所、上海服装研究所、上海纺织工业技术监管所、上海合成纤维研究所、上海纺织电子制板制网技术中心、上海纺织新产品开发中心、上海纺织环境保护中心、上海纺织新产品开发中心、上海纺织科技发展中心等单位和机构（21世纪后，这些单位进行了多次调整组合）；在纺织教育上，有国际纺织业界著名的东华大学（原华东纺织工学院、中国纺织大学），目前，在校生达3万人，全国纺织业界的两院院士多数在此校，还有上海工程技术大学（1985年由华东纺织工学院分院和华东化工学院分院联合组建），在校生1.7万人。在科技和教育的支撑下，上海市纺织工业进行了大调整，走上了科技纺织、时尚纺织、绿色纺织、品牌纺织之路，通过生产高技术含量的、以产业用纺织品为代表的新型产品，生产高质量的、以品牌产品为代表的民用产品，增加了产品的价值。2018年，上海纺织规模以上企业工业总产值为518亿元，如果把规模以下企业、在周边投资企业、纺织机械行业、设计行业等计算在内，也应有千亿元左右，虽然这在上海市不算什么，但在国内外纺织业界来看，上海纺织是竞争力强悍的产业集群。

但是，具备上海这样的在本区域内就能得到科技教育支撑的纺织产业集群在我国还是很少的，即便把目前已经形成的那些集群的区域再扩大一些（比如把某县镇区域的产业集群的区域扩大为地级），也不会太多。所以，要拼好这块版图，必须是产业集群地区与全国范围内的科技教育力量相结合。目前，许多地区产业集群就是和上海的纺织科技教育紧密合作的。

波特在《国家竞争优势》中说道，“德国经济是高度集群化的，产业集群的数量也是十分可观的。”[1]为什么形成这个态势，原因有多方面。其中，波特十分赞赏德国的产官学三方合作，并举出两个机构认为办得好，“德国马普学会是由政府和产业界合资成立的，此协会之下又包含一群领域广泛的研究机构。尽管这些机构只接受政府的资助，但它们依法独立经营并且与产业界关系密切。另一个重要的机构是弗劳恩霍夫协会，它是一个比较偏重实务的研究中心。这些机构的主要任务是与产业界合作进行，研发工作，一旦取得合约就能享有公家补助的优惠。”[2]据资料显示，马普学会主要搞基础研究，拥有60个研究所，12000名雇员，其中3500名科学家，除此之外，还有8000多名博士生、博士后、客座科学家在各研究所进行科研工作。而弗劳恩霍夫协会则是以共性技术为主的应用开发科研机构，在德国有69个研究所，约24500名员工，该协会每年经费在20亿欧元左右，是公助、公益、非营利的科研机构，为企业，特别是中小企业开发新技术、新产品和新工艺，协助企业解决自身创

---

[1] 中信出版社《国家竞争优势（第2版）》上册，第326页。
[2] 中信出版社《国家竞争优势（第2版）》上册，第338页。

新发展中的组织和管理问题。波特还说："德国大学的研究活动不但重要而且颇为蓬勃。在德国，地方政府与联邦政府不但补助大学，并且具有支持校园内研究计划和责任……。民间企业也与大学维持密切的联系。"❶

由此可见，发达国家产业集群的背后，科技教育支撑的实力非常雄厚，他们是产业集群不可分割的一部分，形成这种局面，既是市场配置资源的作用，又有政府乘势而为的行动。对比之下，我们显然是有差距的，就纺织产业现状来看，集群背后的专业科技开发机构较少，已有的机构和纺织产业集群地区也有一些合作。如中国纺织科学研究院在2005年就与绍兴市联合建立"中国纺织科学研究院江南分院"，设有染整技术开发中心、特种面料研发中心、新材料技术开发中心、纺织品质量培训认证中心，江南分院被国家发展和改革委员会认定为区域公共服务平台（2017年中国纺织科学研究院被划归为中国通用技术集团属下公司进行公司制改革，现为中国纺织科学研究院有限公司，成为科技型企业）。

目前，我国除了以纺织教育为主的高等本科院校和高等职业技术学院外，还有近200所高等院校分别设有与纺织产业直接或间接相关的院系或专业。这些院校不仅为全国纺织产业不断输送大量人才，而且还在科技研究开发方面与产业进行合作，比如东华大学就与许多产业集群之间有合作关系。绍兴市夏履镇是"中

---

❶ 中信出版社《国家竞争优势（第2版）》上册，第338页。

国非织造布名镇”，东华大学在该镇龙头企业宝仁公司设有实习基地和研究生工作站，有教师和学生长年驻扎在企业，通过产学研合作研发的“医卫防护非织造材料关键加工技术及产业化”获得2019年度国家自然科学奖、国家技术发明奖以及国家科学技术进步奖提名奖。2018年全镇共有非织造布企业、终端制品加工企业及配套企业122家，其中小微企业92家，生产各类非织造布6.1万吨，湿巾等制品15.3万箱，销售收入达30亿元。

北京服装学院与雄安新区（河北省容城县，中国男装名城）共建了时尚产业园，是集设计服务、技术转化、展示销售、时尚推广、交流体验及产业培训多功能一体化的创新平台。还有武汉纺织大学、天津工业大学、浙江理工大学、江南大学、江西服装学院、成都纺织高等专科学校等一批院校与多个产业集群建立了密切联系。中国纺织工业联合会主管的“纺织之光科技教育基金会”每年也给大学支持百万资金，用于纺织产业应用基础研究项目，从2011年开始已经开展了55项，其中一些项目与产业集群相关。

与特色产业集群相应的科技教育单位（机构）在集群中是非常重要的部分，但是并不强调这样的单位和机构一定要坐落在本区域内（当然本区域内更好），只要是集群地区能与之密切联系与合作，不论它在什么地方，就可构成集群这一板块。因此重要的问题是一些产业集群要找到可以依靠的科技教育力量。

根据目前的状况，纺织产业集群要在两方面下功夫，才能补上这一短板。一方面是积极促进本集群内骨干企业加快提升科技开发能力（许多企业都是市级、省级甚至是国家级的技术中心，有的还有博士后工作站、院士工作站），不仅可使这些企业增强自身实力、竞争力，而且还可利用产业集群技术外溢、知识外溢速度最快的优势，带动整个集群地区科技水平的提高，赢得在市场中的有利地位。另一方面是和大学寻求密切合作，解决集群存在的共性技术问题。这两个方面，虽然是靠市场配置资源，但是政府也可以发挥重要的推手作用。

第三部分弧形板块中，还有协会组织。波特在产业集群构成中专门提到协会，说明他也充分认识到协会组织的协调作用非常重要，协会不是可有可无的。关于协会的价值在第三章第五节已经详细叙述过。这里要提及的是，目前纺织产业集群往往客观上形成了该区域的大产业，而政府的管理又不足，所以一定要充分发挥产业协会的作用。现在纺织行业的产业集群基本都建立了协会（或商会）组织，但是协会办的水平和发挥的作用参差不齐，主要问题在于一些区域政府重视不够、支持不多、管理不当，所以很多协会作用很小。其实协会发挥作用，可以替政府做很多想干又干不了、干不完的事情。能否用好产业协会，发挥他们的作用，也是对政府领导艺术的考验。对于政府和产业协会应该这样认识：政府对协会要实行“有位有为”，就是说让你做我的助手，发挥你的作用，有用武之地，当然这里也必须给予支持，因为协会不是营利单位，所以不仅要用购买服务的方式，而且必要时还要给予财政支持，这样也能防止协会办成利益集团。而协会对于政府要“有为有位”，就是协会一定得有所作为，充分发挥政府的助手作用，成为很好的桥梁和纽带，以此争取工作中的地位，并且经得起政府的监督检查。

波特谈到的关于产业集群专门化的制度我理解就是地方政策问题，正如波特说的，“由于成功的意大利产业集群通常汇集在特定区域与城镇，当地政府对它们的重视程度也比中央政府殷切，而且积极资助当地大学发展相关的专业研究计划，或通过地方银行，公共设施投资与其他创造生产要素等方法，尽可能对产业提供协助。意大利地方政府也与其他国家地方政府一样，喜欢介入当地企业的营运活动。”[1]所以，我认为这个专门化的制度在社会主义市场经济下，应该放在政府这个必要条件里，主要是制定各种政策，如果是企业、机构、学校等之间的约定、规定之类的制度，那并不是公共的事情，在这些特定的区域内，意义并不太大。

第四节　产业集群产生发展的三个阶段

有种观点，叫作产业集群生命周期说，认为产业集群就像产品一样有生命周期，大体分为萌芽期、成长期、成熟期、衰退

[1] 中信出版社《国家竞争优势（第 2 版）》上册，第 414 页。

期，也就是说产业集群最终还是逃脱不了没落。我倒是认为，产业集群作为一种产业空间组织结构形式，只是它形成与否、处在何种状况的问题，不存在生命周期的问题，无论是资本主义经济制度下的产业集群，还是社会主义基本经济制度下的产业集群，概莫如此。从过往的例子看，有的产业集群过了“萌芽期”，正在成长，还未来得及辉煌就没落了，根本走不完这个周期（但也要承认他曾经是个产业集群）；而有的产业集群则存在多年，一些可以称得上长生不老了，我国江浙一带的纺织业、江西景德镇的陶瓷业就是典型。波特列举的意大利的瓷砖业、制鞋业，瑞士的钟表业、德国的机械制造业等，都是很好的诠释。

所以，我认为产业集群的产生、发展和归宿可用三个阶段描述比较好，即聚集阶段、初级阶段和成熟阶段。下面仍以我国纺织业的产业集群为例来分析说明。

聚集阶段

这个阶段是具有同一特色的少数几个企业发祥到这个地区聚集相当数量的企业，并且这段时期产品在市场上形成了一定的占有率。

波特介绍的国外产业集群基本上是在资本主义制度下自然形成的，在经济环境大体平稳，没有重大变革发生的情况下，这些集群的形成也是需要一定时间的，但是他们的特点在于这种聚集很扎实，而且在这个阶段时，初级阶段的一些特征已悄然出现，使后面阶段之间的过渡很顺畅。

而我国改革开放以后，产业集聚发展的速度非常快，特别是占产业集群绝对份额的新生企业出现十分迅疾，可谓是“忽如一夜春风来，千树万树梨花开”。原因就是抓住了基本经济制度开始进行转变和国际产业转移两个重大变革的时机，并且依靠过去三十年基础，“有形之手”和充沛的人力资源、自然资源这些有利条件和因素而形成的，我们的特点是快，但不一定都扎实。我们不妨花些篇幅回忆一下当时纺织产业集群快速形成的几个主要来由。

一是基础促动。历史上就有专于此业的传统，延绵不断，如江浙一带的缫丝织绸业、织布染色业、缝纫业等，江苏的苏州、南通、无锡地区，浙江的绍兴、杭州、嘉兴、湖州地区等，自中华人民共和国成立后在单一公有制时期就有一批纺织企业（包括国有企业和区县、乡镇、社区街道的集体企业），改革开放引爆了私营企业、引发了公有制企业改制裂变，迅速形成了大批量的企业，他们往往沿袭或模仿原有企业的产品进行生产，从而诞生了许多一地一品的特色产业集群。如盛泽丝绸、武进湖塘织布、樊城棉纺织、安平丝网、天台滤布、柯桥印染布、许村家纺等。这类集群形成很快，首先归功于过去已经有了很好的基础。

二是外商投资和外贸订单促动。我国改革开放之时正逢国际产业转移之际。最初是港资和澳资，随之是台资，后面日韩欧美跟上，不多时日，三资企业林立。他们在中国内地办厂，其产品往往既可外销又适应国内市场，而且利益颇丰，又引得其内部人员独立门户，民间资本大量涌入，很快形成集群之势，如盐步内衣、嵊州领带、虎门服饰、大朗毛织等均属此例。原来我国外贸部门就掌握了一批纺织服装生产企业，并且许多外贸人员也持有外贸渠道订单，于是又促生了大批专做外单的企业，迅速成群，像金坛服装、平湖服装、岳西手工家纺、荣成服装等。

三是成功的超大型企业的促动。改革开放后，一批非常优秀的企业家脱颖而出，他们有敏锐的眼光、不断创新的精神、把握市场的能力、管理的艺术，不断率领本企业超常发展，而且促进带动了本地区大量中小企业的产生、发展，他们或为大企业配套加工，或独自发展，形成特色群体。这可以举出大批例子，比如，山东青岛即墨区针织产业有即发集团，内蒙古鄂尔多斯市东胜区羊绒产业有鄂尔多斯集团，辽宁大连普兰店区西装产业有大杨集团，江苏常熟市古里镇羽绒服装产业有波司登集团，浙江杭州萧山区衙前镇化纤产业有恒逸集团，江苏江阴市周庄镇化纤棉纺织产业有三房巷集团，山东青岛黄岛区王台镇纺机行业有东佳集团、星火集团，浙江海宁市马桥镇经编产业有海利得集团，山东淄博市淄川区棉纺织服装产业有鲁泰集团，河南新野棉纺织产业有新野集团，江苏江阴新桥镇毛纺织服装产业有阳光集团、海澜之家集团，江西新余分宜县麻纺织产业有恩达集团，福建泉州晋江市服装产业有七匹狼集团、安踏集团，湖北襄阳樊城区棉纺织产业有际华3542厂，江西共青城羽绒服产业有鸭鸭集团，山东高密市家纺产业有孚日集团，江苏仪征市真州镇化纤及非织造布产业有仪征集团，广东潮州市婚纱晚礼服产业有名瑞集团，江西赣州于都县服装产业有赢家集团，江苏张家港市纺织产业有华芳集团、澳洋集团、东渡集团，山东滨州市棉纺织产业有魏桥集团，江苏苏州吴江区盛泽镇化纤纺织产业有恒力集团、盛虹集团，浙江桐乡市洲泉镇化纤产业有桐昆集团、新凤鸣集团，福建福州长乐区化纤纺织产业有恒申集团、力恒集团，浙江绍兴地区纺织丝绸产业有荣盛集团、达利集团，山西晋中地区纺机行业有恒天集团经纬纺机厂，广东东莞虎门镇服装产业有以纯集团，浙江金华义乌市袜业有浪莎集团，等等。这些企业年销售收入在几十亿元、上百亿元，甚至数百亿元。中国企业联合会、中国企业家协会发布的“2019中国企业500强”榜单中，涉及纺织服装产业的企业有43家，其中一半左右都在产业集群地区，可见纺织产业集群地区的实力。

四是本地区能人效应促动。前面已经讲过，总是有些思想开放的人想通过搞工业走上致富的道路，结果促进了当地特色产业的发展。像河北省清河县的羊绒产业，辽宁省海城市西柳镇的裤业都是如此。江苏省太仓市璜泾镇是全国著名的“化纤加弹名镇”，该镇年产涤纶加弹丝大约占全国的五分之一，是一位镇领导带头发展起来的，后来，全镇加弹企业超过一千家。

五是国有企业改革改制的促动。这种促动主要是由在计划经济年代培养的一批人才流动引发的。比如山西晋中榆次县是纺织机械产业集群，1952年国家在该县定点建设了经纬纺织机械厂，这也是国家队的骨干企业，每年都会分配大批的大学毕业生到厂，同时厂里技术工人队伍的力量也十分强大。在允许开办私人企业后，一些技术人员、高级技术工人、经营管理人员纷纷“下海”创办企业，专门开发生产纺织机械或配件、器材，使晋中地区（主要是榆次县）形成了有200多家企业的纺织机械产业集群。再如河南安阳针织厂是个比较大的国营针织企业，在国企改革中，一批管理人员、技术人员、技术工人创办私营针织厂，带动了全地区针织业的发展，安阳地区形成了有4000多家针织服装企业的产业集群。这是两个可以看到现象的例子，还有许多隐含的、看不到现象的情况。由于计划经济时期纺织产业已经具有了比较强大的技术人员队伍和技术工人队伍，所以在改革开放初期乡镇企业大发展时，曾得到许多国企技术人员和技术工人的“暗中支持”，当时社会上流传的所谓“星期日工程师”，指的就是这批人，平时在厂上班，休息日下乡指导，后来索性“下海”。许多小化纤厂、小纺织厂、小针织厂、小纺机厂等就是这样发展起来的，并发展成许多颇有成就的企业，企业里管技术、管生产经营的负责人很多都有在国企工作的经历。这种情况凸显人才的价值和作用。

中国的产业集群聚集的时间很快，但是有很多的聚集是简单的甚至是“粗暴”的（比如不顾环境保护），因此许多集群不得不长时间处在初级阶段。我们还不能过高地估计目前产业集群经济的水平。

初级阶段

这个阶段对我国的产业集群来讲，就是把三个必要条件和三个充分条件建立起来，并逐步实现有效运行的过程，同时也是区域内特色企业进步提升、适应产业发展要求的过程。各个集群经历的初级阶段时间长短会不同。搞得好的集群时间会短一些，搞得差的集群会很慢，甚至折戟在这一阶段上。

在三个必要条件上，先说市场。产业集群在集聚阶段面对市场往往是很单纯的，很多集群还是以低成本、低价格取胜。产业集群的产品往往总量很大，一旦市场出现问题，将对集群打击很大。像这些年已经出现的外销市场订单大量向东南亚等发展中国家转移，营销方式的大变革，具有政治背景的贸易战，意想不到的“新冠肺炎疫情”带来的全球贸易衰退等，都是对集群关于如何应对市场变化的考验，而初级阶段就是要求集群地区解决研究市场、应对市场的过程。

再说环保。产业是聚集起来了，环保问题也摆在那里了，不解决环保问题就是死路一条。解决也不是一天两天的事，初级阶段就必须实现脱胎换骨的蜕变。前面介绍过绍兴市柯桥区一直就是全国最重要的印染布生产聚集区，2001年印染布产量65亿米，2006年产量125亿米，占全国产量的三分之一左右。在节能减排、环境保护被日益提上重要议程后，柯桥区不断做出艰苦努力。2010年全区形成了90万吨污水处理能力，近百家印染企业采用中水回用技术，全年印染布产量达140亿米。到2019年退出区印染企业全部关停退出，印染企业都集中在滨海工业区，印染企业的数量从2010年的212家减少至108家。2018年印染布的产量达到145亿米。湖州市长兴县是全国著名的长丝织造基地，2018年全县共有喷水织机9.2万台。在2014年整治提升基础上，以污水治理为重点，以点带面推进“低散乱”纺织企业入园聚集，加快零直排园区建设。2019年全县喷水织机污水处理率达100%，中水回用率达80%以上，全部14家印染企业全面推进印染全流程数字化改造，深化定型机废气处理，完成污水零直排创建。2018年化纤长丝织布达65亿米，印染布达27亿米。

还有政府。这个阶段政府在发展当地产业集群经济过程中，必须逐步清晰明确应该做什么，不应该做什么，从而能够制定出科学的发展规划，实施有效的政策措施，创造良好的市场环境，建设完善的公共服务体系，设立必要的服务机构，严格监督企业是否依法经营等。同时与产业集群经济密切相关的社会生活问题也必须不断改善，像住房、医疗、普通教育、福利保险、户籍以及文化生活、居住环境等。同是市场经济下的产业集群，社会主义制度和资本主义制度下政府的作用是不同的，显然社会主义制度下政府具有更大的发言权和更多的政策工具，但这也说明政府必须要更加科学地运用，保证社会公平，切不可把所谓的“政绩”放在首位，瞎折腾。

在三个充分条件上，主要靠市场配置资源形成。从上下游产业、相关产业以及服务性产业来说，都在同一区域内，有助于集群优势更好地发挥，像盛泽镇的面料产业、长乐市的经编产业、海门市的家纺产业等都是这样。而深圳的服装业、虎门的服装业，他们的上游产业并不在本区域内，但本地的支持产业很强，比如专业市场、展览业、设计业等，他们也可以把服装产业做得很好。所以，产业集群初级阶段时，要么在本区域内产生这些产业，要么和外区域的这些产业建立互相依靠、密切合作、融为一体的关系，这都需要一个过程。

科技教育单位和机构不太受区域限制，产业集群聚集阶段后往往是能与之相依并合作的科技单位和机构少，加上集群地区中小企业居多，科技投入不足，因此创新能力普遍较弱，这也是拉长产业集群地区初级阶段时期的重要原因之一。这里的关键是全社会中要有科研人员去研究这个产业，研究它的技术、工艺、装备、原料、产品等各个方面，这些人员在科研院所、院校、当地企业和公共服务平台都可以。从实际情况来看，本集群的大企业加大投入进行科技带动、与域外科技机构或教育单位的科研力量密切合作更现实一些。而处在三四线城市或乡镇的产业集群，人才问题应该是在政府解决社会生活问题得到改善的基础上，才可以更好地得到解决，短期内只好借用“外脑”。

三个充分条件中为什么要说不一定在特定区域内具备（虽然这本来就是形式逻辑中关于充分条件的设定），还有个重要的原因，就是我们现在的产业集群往往行政色彩浓厚，加之地方政府在公共服务平台、支持性产业建设上有很大的掌控力，如土地、资金的投入，因此有可能在毗邻的地方搞重复建设，如建立专业市场、检测认证机构、技术开发中心、教育培训机构，甚至展览场馆等，因此要防止这些情况发生，避免非必要的竞争和浪费社会财富。

总之，最后走出初级阶段是看产业集群的产业链、供应链是否贯通了、牢靠了，服务业是否周到了，科技教育是否有依靠了，政府工作是否到位了，环保是否过关了，企业是否进步、适应市场了。

产业集群的初级阶段是个重要的阶段，往往这时就会研究产业集群的发展路径问题。我国目前就是这个状况，除了集群本地政府部门在规划发展外，同时也会请一些相关研究机构（单位）、产业协会组织、高等院校等帮助制定规划，明确发展路径问题。从广义来讲，我国各类产业集群发展路径是一样的，就是提升特色企业水平，强化必要条件和充分条件，实现真正互动，充分发挥这种组织结构形式的优势。但是，对单个产业集群则是有具体指向的，这就是狭义上的发展路径，因为每个集群的情况都不一样，路径也不会完全相同。现在大家常说的数字化、智能化、品牌化、绿色、时尚、创意、设计、定制、电商、线上线下、营销模式、新业态，还包括价值链、产业链、供应链、互联网、物联网、平台经济、分享经济、网红经济等，它们都可以用在产业集群的具体发展路径上，但是所谓大趋势不一定就完全等同于产业集群的具体发展路径。

波特说，“钻石体系打造国家优势”“钻石体系也是一个双向强化的系统，其中任何一项因素的效果必然影响到另一项的状态”[1]。产业集群中特色企业与相关条件日趋成熟才能是产业集群走上更高阶段的保证。

成熟阶段

成熟阶段是产业集群特色企业和其相关条件均已成熟并关系融为一体的时期，同时也是产业集群地区社会生活环境达到理想状态的时期。

这个时期特色企业不是乌合之众，而是形成了有一定适应市场能力的群体企业，大企业依靠本身的实力，中小企业多有赖于公共服务体系（当然在市场竞争情况下，仍然有被淘汰的企业，也会出现新企业，但不会成为普遍的现象），产业链、供应链变得稳固，服务性产业周全、服务到位，科技教育机构和单位有所作为，并与产业密切结合。

在不断强化市场配置资源的作用下，这个阶段会出现一些变化，一是固有的强调行政区划的产业集群，其区域不会太分明，或者说这个特定区域会出现弹性，一般是扩大的趋势，这对于增强产业集群的充分条件是有益的。二是产业集群的上下游产业、相关产业由于相互作用的关系，会形成新的产业集群，使这个区域成为一个长链集群、复合集群，原来的特色集群可能会减小规模，甚至会萎缩，但这也不意味着原来的集群是消亡，而是一种华丽的转身。

---

[1] 中信出版社《国家竞争优势（第 2 版）》上册，第 66 页。

在社会生活方面。产业集群地区各类务工人员均可安家落户，他们有房住、有户籍、有保险，享受地方福利，义务教育、医疗、文化娱乐等条件设施齐全并且达到相当的水平，交通便利，环境优美，人们能过上幸福富裕的生活，这个地方成为宜居、宜业之地。我国纺织产业现在有这样的集群，如上海纺织产业虽然比过去规模小很多，但是调整后更强，其他各方面条件更自不必说，2018年上海人均可支配收入是全国的2.27倍。再看浙江省湖州市安吉县，目前全县人口45万，80%以上农民从事与竹子有关的工作，2018年全县城镇人均可支配收入52617元，比全国平均水平高34%，农村人均可支配收入30541元，比全国平均水平高出109%。安吉县是“中国绿色示范县”，竹纤维产业是竹业的一部分，现有企业709家，已形成产品生产、市场营销、技术开发为主导的竹纤维产业集群，是著名的“中国竹纤维产业名城”。从产业集群阶段论角度说这是处在了成熟阶段。像江苏吴江、常熟，浙江柯桥、萧山、桐乡，广东虎门、大朗，山东即墨，福建长乐等许多地方也都相当不错。

第五节　关于世界级产业集群

波特在《国家竞争优势》一书中，通篇讲的是产业集群，只是偶尔提及“世界级的产业集群”。一次是讲美国的电脑和软件产业（本书第二章中提到过），另一次是说德国，“由于德国本身就拥有了很多世界级的产业集群，所以在国际市场中对德国产品最内行，也最挑剔的顾客往往就是其他的德国企业”❶。虽然他没有给出“世界级的产业集群”的定义，但是联系书中的相关说法和背景也可获得其一些想法的。

波特在说德国时，是在通过钻石体系了解德国国家竞争优势时讲的。他分析德国需求条件时说，“德国的一般消费者或产业客户都是内行而挑剔的”“他们对产品的要求却是全世界最高的”“德国产业标准一直是世界各国中最严格的一套标准”。❷

波特在著作的附录中谈到界定产业集群的方法中讲道：“本书在制定产业集群图的范围时有两个前提，第一点是，它必须是这个国家能在国际竞争中表现优势的产业；第二点，产业的定义从严，尽可能按照统计分类的事业项目（如农场牵引机类），而非广义的产业部门（如农业机械类）。评估国际竞争优势的标准，则要看这项事业是否有实际的出口业绩，或是看其凭借技术等实力在海外投资的表现如何。”❸他又说，“制订这些评估标准，是因为我们希望在最接近国际竞争的观点下，找出真正具有竞争优势的产业。从国际竞争优势的角度来看，产业在本国内的获利率并

❶ 中信出版社《国家竞争优势（第 2 版）》上册，第 340 页。
❷ 中信出版社《国家竞争优势（第 2 版）》上册，第 339 页。
❸ 中信出版社《国家竞争优势（第 2 版）》下册，第 245 页。

不是可靠的指标，原因是保护主义普遍存在于每个国家。”[1]对普遍产业集群尚且如此，世界级的产业集群更是如此。

因此，可以认为波特说的世界级的产业集群至少一是在国际市场上有突出的出口业绩，二是执行最严格的标准，三是产品有最好的质量。

现在距离波特提出产业集群理论时已过二三十年，形势又有了很大的变化，什么是世界级的产业集群，是否涵盖更多内容，仁者见仁，智者见智。

建设世界级的产业集群目标，我国现在有镇级层面提出的、县市层面提出的、地区层面提出的、省级层面提出的，还有经济区域提出的，这也使得产业集群的特定区域和产业宽度往往具有不确定性，对此，国家有关部门应该深入研究，选好合适的典型加以培育和支持。

我认为我们国家自己评价什么是“世界级的产业集群”应该同时具备以下条件：

（1）集群产品的市场主要是国际市场（包括间接，比如是供应最终产品出口使用的中间产品、零部件，纺织行业像面料，化工行业像染化料）；

（2）集群企业普遍采用的技术、装备，主要是具有国内自主知识产权的；

（3）集群企业普遍采用的标准主要是国际一流的标准；

---

[1] 中信出版社《国家竞争优势（第2版）》下册，第245页。

（4）集群企业的产品质量普遍应与国际贸易中同类产品相当；

（5）集群产品的品牌主要是民族品牌；

（6）集群区域内的产品生产（还包括采购的原材料、半成品的生产）符合环保要求。

其中产品市场问题，如是政治原因造成不能出口或考虑进口替代产品，此条件还可弱化。

搞产业集群经济所追求的是利用它的优势，在市场经济中使群体企业赢得地位，赢得市场，同时使集群地区的人们生活美好。成熟的产业集群才是好的归宿。

附　录

全国纺织产业集群试点地区名单
（经中国纺联2019年第四次复评后确定）

中国纺织产业特色名镇及其荣誉称号

河北省南宫市紫冢镇	中国羊剪绒制品名镇
辽宁省海城市西柳镇	中国裤业名镇、中国棉服名镇
辽宁省灯塔市佟二堡镇	中国皮革皮草服装名镇
江苏省常熟市海虞镇	中国休闲服装名镇
江苏省常熟市支塘镇	中国非织造布及设备名镇
江苏省常熟市碧溪街道	中国毛衫名镇、中国化纤名镇
江苏省常熟市沙家浜镇	中国休闲服装名镇
江苏省常熟市辛庄镇	中国针织服装名镇
江苏省常熟市古里镇	中国羽绒服装名镇、中国针织名镇
江苏省常熟市梅李镇	中国经编名镇

江苏省宜兴市西渚镇	中国亚麻纺织名镇
江苏省宜兴市新建镇	中国化纤纺织名镇
江苏省江阴市祝塘镇	中国针织服装名镇
江苏省江阴市周庄镇	中国化纤名镇、 中国棉纺织名镇
江苏省江阴市顾山镇	中国针织服装名镇
江苏省江阴市长泾镇	中国粗纺呢绒名镇
江苏省江阴市新桥镇	中国纺织服装名镇
江苏省张家港市金港镇	中国氨纶纱名镇
江苏省张家港市塘桥镇	中国棉纺织·毛衫名镇
江苏省太仓市璜泾镇	中国化纤加弹名镇
江苏省南通市通州区川姜镇	中国家纺名镇
江苏省南通市通州区先锋街道	中国色织名镇
江苏省常州市武进区湖塘镇	中国织造名镇
江苏省苏州市吴江区盛泽镇	中国丝绸名镇、 中国纺织名镇
江苏省苏州市吴江区松陵镇	中国毛纺名镇
江苏省苏州市吴江区震泽镇	中国亚麻名镇、 中国蚕丝被家纺名镇
江苏省苏州市吴江区桃源镇	中国出口服装制造名镇
江苏省苏州市吴江区平望镇	中国纺织织造名镇

江苏省苏州市吴江区七都镇	中国家纺面料名镇
江苏省泰兴市黄桥镇	中国牛仔布名镇
江苏省阜宁县阜城街道	中国环保滤料名镇
江苏省丹阳市导墅镇	中国家纺名镇
江苏省丹阳市皇塘镇	中国家纺名镇
江苏省仪征市真州镇	中国非织造布与化纤名镇
浙江省海宁市许村镇	中国布艺名镇
浙江省海宁市马桥镇	中国经编名镇
浙江省绍兴市柯桥区杨汛桥镇	中国窗帘窗纱名镇
浙江省绍兴市柯桥区漓诸镇	中国针织名镇
浙江省绍兴市柯桥区夏履镇	中国非织造布名镇
浙江省绍兴市柯桥区钱清镇	中国轻纺原料市场名镇
浙江省杭州市萧山区衙前镇	中国化纤名镇
浙江省杭州市萧山区瓜沥镇	中国化纤织造名镇
浙江省杭州市萧山区新塘街道	中国羽绒家纺名镇
浙江省杭州市萧山区靖江街道	中国服装面料名镇
浙江省杭州市萧山区义桥镇	中国床垫布名镇（之乡）
浙江省义乌市大陈镇	中国衬衫名镇
浙江省诸暨市大唐镇	中国袜子名镇
浙江省桐乡市濮院镇	中国羊毛衫名镇

浙江省桐乡市洲泉镇	中国化纤名镇、 中国蚕丝被名镇
浙江省桐乡市大麻镇	中国家纺布艺名镇
浙江省桐乡市河山镇	中国绢纺织名镇
浙江省嘉兴市秀洲区油车港镇	中国静电植绒名镇
浙江省嘉兴市秀洲区王江泾镇	中国织造名镇
浙江省嘉兴市秀洲区洪合镇	中国毛衫名镇
浙江省湖州市吴兴区织里镇	中国童装名镇、 中国品牌羊绒服装名镇
浙江省长兴县夹浦镇	中国长丝织造名镇
浙江省桐庐县横村镇	中国针织名镇
浙江省建德市乾潭镇	中国家纺寝具名镇
浙江省嘉善县天凝镇	中国静电植绒名镇
浙江省平阳县萧江镇	中国纺织材料包装名镇
安徽省繁昌县孙村镇	中国出口服装制造名镇
福建省石狮市蚶江镇	中国裤业名镇
福建省石狮市灵秀镇	中国运动休闲服装名镇
福建省石狮市宝盖镇	中国服装辅料服饰名镇
福建省石狮市凤里街道	中国童装名镇
福建省石狮市鸿山镇	中国休闲面料名镇
福建省晋江市深沪镇	中国内衣名镇

福建省晋江市英林镇	中国休闲服装名镇
福建省晋江市龙湖镇	中国织造名镇
福建省长乐市松下镇	中国花编名镇
山东省青岛市黄岛区王台镇	中国纺织机械名镇
山东省平邑县仲村镇	中国劳保手套名镇
山东省枣庄市市中区税郭镇	中国针织服装名镇
河南省安阳市北关区柏庄镇	中国童装名镇
河南省邓州市穰东镇	中国女裤名镇
湖北省仙桃市彭场镇	中国非织造布制品名镇
湖北省汉川市马口镇	中国制线名镇
湖北省荆州市沙市区岑河镇	中国婴童装名镇
湖南省醴陵市船湾镇	中国职业服装名镇
广东省东莞市大朗镇	中国羊毛衫名镇
广东省东莞市虎门镇	中国女装名镇、 中国童装名镇
广东省东莞市茶山镇	中国品牌服装制造名镇
广东省开平市三埠街道	中国牛仔服装名镇
广东省中山市沙溪镇	中国休闲服装名镇
广东省中山市大涌镇	中国牛仔服装名镇
广东省中山市小榄镇	中国内衣名镇
广东省普宁市流沙东街道	中国内衣名镇

广东省广州市增城区新塘镇	中国牛仔服装名镇
广东省佛山市南海区西樵镇	中国面料名镇
广东省佛山市南海区大沥镇	中国内衣名镇
广东省佛山市禅城区张槎街道	中国针织名镇
广东省佛山市禅城区祖庙街道	中国童装名镇
广东省佛山市顺德区均安镇	中国牛仔服装名镇
广东省汕头市潮阳区谷饶镇	中国针织内衣名镇
广东省汕头市潮南区峡山街道	中国家居服装名镇
广东省汕头市潮南区陈店镇	中国内衣名镇
广东省汕头市潮南区两英镇	中国针织名镇
广东省博罗县园洲镇	中国休闲服装名镇
广东省深圳市龙华区大浪镇	中国品牌服装名镇

中国纺织产业特色名城及其荣誉称号

河北省清河县	中国羊绒纺织名城
河北省南宫市	中国羊剪绒•毛毡名城
河北省容城县	中国男装名城
河北省磁县	中国童装加工名城
河北省安平县	中国丝网织造名城
河北省高阳县	中国毛巾・毛毯名城
内蒙古自治区鄂尔多斯市东胜区	中国羊绒产业名城
辽宁省兴城市	中国泳装名城
辽宁省瓦房店市	中国家纺流苏名城
辽宁省大连市普兰店区	中国西装名城
辽宁省沈阳市沈河区	中国服装商贸名城
辽宁省东港市	中国运动户外服装名城
吉林省辽源市	中国袜业名城
江苏省常熟市	中国休闲服装名城、中国羊绒制品名城
江苏省海门工业园区	中国家纺名城
江苏省高邮市	中国羽绒服装制造名城
江苏省如东市经济开发区	中国安防用纺织品名城

江苏省南通市通州区	中国家纺名城
浙江省海宁市	中国经编名城、 中国皮革皮草服装名城
浙江省杭州市余杭区	中国布艺名城
浙江省安吉县	中国竹纤维产业名城
浙江省平湖市	中国服装制造名城
浙江省瑞安市	中国男装名城、 中国针织名城
浙江省义乌市	中国针织（袜业手套无缝内衣）名城、 中国线带名城
浙江省天台县	中国过滤布名城
浙江省象山县	中国针织名城
浙江省浦江县	中国绗缝家纺名城
浙江省长兴县	中国长丝织造名城、 中国衬布名城
浙江省嵊州市	中国领带名城
安徽省岳西县	中国手工家纺名城
安徽省合肥市瑶海区	中国服装商贸名城
福建省石狮市	中国休闲服装城、 中国休闲面料商贸名城
福建省泉州市丰泽区	中国童装名城

福建省尤溪县	中国革基布名城
福建省长乐市	中国经编名城
江西省共青城市	中国羽绒服装名城
江西省南昌市青山湖区	中国针织服装名城
江西省奉新县	中国棉纺织名城
江西省分宜县	中国苎麻纺织名城
江西省于都县	中国品牌服装制造名城
山东省即墨市	中国针织名城、 中国童装名城
山东省夏津县	中国棉纺织名城
山东省郯城县	中国男装加工名城
山东省高密市	中国家纺名城
山东省嘉祥县	中国手套名城
山东省临清市	中国棉纺织名城
山东省禹城市	中国半精纺毛纱名城
山东省枣庄市市中区	中国针织服装名城
山东省广饶县	中国棉纺织名城
山东省海阳市	中国毛衫名城
山东省诸城市	中国男装名城
山东省威海市文登区	中国工艺家纺名城
山东省高青县	中国棉纺织名城
山东省郓城县	中国棉纺织名城

山东省德州市陵城区	中国土工用纺织材料名城
山东省汶上县	中国休闲服装制造名城
山东省惠民县	中国绳网名城
山东省潍坊市奎文区	中国纺织商贸名城
山东省昌乐县	中国织带名城
河南省安阳市	中国针织服装名城
河南省新野县	中国棉纺织名城
河南省商丘市睢阳区	中国针织服装名城
河南省新密市	中国品牌服装制造名城
河南省光山县	中国羽绒服产业名城
河南省西平县	中国服装制造名城
湖北省仙桃市	中国非织造布产业名城
湖北省襄阳市樊城区	中国织造名城
湖南省株洲市芦淞区	中国服装商贸名城、 中国女裤名城
湖南省华容县	中国棉纺织名城
湖南省蓝山县	中国毛衫名城
广东省广州市越秀区	中国服装商贸名城
广东省潮州市	中国婚纱礼服名城
广东省汕头市澄海区	中国工艺毛衫名城
广东省惠州市惠城区	中国男装名城
广东省汕头市潮南区	中国内衣家居服装名城

广西壮族自治区玉林市福绵区	中国休闲服装名城
四川省彭州市	中国家纺名城、 中国休闲服装名城
四川省井研县	中国工装面料名城
陕西省榆林市	中国羊毛防寒服名城
青海省西宁市	中国藏毯之都
宁夏回族自治区灵武市	中国精品羊绒产业名城
新疆维吾尔自治区和田市	中国手工羊毛地毯名城
新疆维吾尔自治区石河子市	中国棉纺织名城

中国纺织产业基地及其荣誉称号

辽宁省海城市	中国纺织产业基地市
江苏省常熟市★	中国纺织产业基地市
江苏省江阴市	中国纺织产业基地市
江苏省张家港市	中国纺织产业基地市
江苏省海门工业园区★	中国纺织产业基地市
江苏省南通市通州区★	中国纺织产业基地市
江苏省海安县	中国纺织产业基地县
浙江省海宁市★	中国纺织产业基地市
浙江省绍兴市柯桥区	中国纺织产业基地县
浙江省杭州市萧山区	中国纺织产业基地市
浙江省桐乡市	中国纺织产业基地市
浙江省兰溪市	中国纺织产业基地市
安徽省望江县	中国新兴纺织产业基地县
福建省晋江市	中国纺织产业基地市
福建省长乐市★	中国纺织产业基地市
福建省永安市	中国新兴纺织产业基地市
江西省奉新县★	中国新兴纺织产业基地县
山东省昌邑市	中国纺织产业基地市

山东省淄博市周村区	中国纺织产业基地市
山东省淄博市淄川区	中国纺织产业基地市
山东省滨州市	中国纺织产业基地市
河南省夏邑县	中国新兴纺织产业基地县
河南省太康县	中国新兴纺织产业基地县
河南省淮滨县	中国新兴纺织产业基地县
广东省开平市	中国纺织产业基地市
广东省普宁市	中国纺织产业基地市
陕西省西安市灞桥区	中国纺织产业基地市
宁夏回族自治区吴忠市利通区	中国新兴纺织产业基地市

注　带★地区具有特色名城和产业基地双重称号。

曾是中国纺织产业集群试点地区的名单

纺织业

辽宁省康平县，黑龙江省兰西县，江苏省睢宁县、射阳县、太仓市、海门市三星镇，浙江省慈溪市、桐乡市屠甸镇、绍兴市柯桥区兰亭镇、杭州市萧山区河庄街道，安徽省宿松县，山东省邹平县，河南省郑州市中原区，广东省高州市、佛山市高明区、南海区里水镇。

服装业

河北省宁晋县，上海市松江区叶榭镇，江苏省常州市金坛区、苏州市姑苏区、常熟市虞山镇，浙江省乐清市、诸暨市枫桥镇、杭州市萧山区南阳街道，河南省郑州市二七区，湖北省黄石市经济开发区，广西壮族自治区桂平市木乐镇，四川省成都市龙桥镇。

化纤、纺织机械业

广东省江门市新会区，浙江省绍兴市柯桥区马鞍镇、齐贤镇。

地级市

山西省晋中市，湖南省益阳市，广东省中山市、东莞市。

注 纺织工业是大概念，包括纺织业、化学纤维制造业、服装制造业、纺织机械制造业等（均列在国家统计行业分类的制造业里）。

后　记

这些年来关于“打造”产业集群的提法比较普遍，我认为“打造”的含义主观意识比较强，可能会与实际结果产生偏差，应该尽量避免主观意识出现问题，对于“打造”产业集群经济，做一些逻辑上的分析，会有助于更好的发展。因此，本书通过剖析这些年纺织工业集群经济发展的情况，提出了在社会主义市场经济下，产业集群这种产业组织结构形式是有优势的，但它的形成和发展也有条件，这些条件和结果存在逻辑关系，在发展集群经济中应引起注意。另外，本书花了很多笔墨讨论产业协会问题，是认为在社会主义市场经济中产业协会的作用不仅在集群经济中重要，对于整个产业发展更重要，应对其充分认识和价值发掘。

本人研究产业集群理论只是多次阅读和思考波特教授的《国家竞争优势》（也在网上看了国内有关研究文章），没有阅读波特教授的其他著作，我认为波特教授这本著作写得非常好，但对他的思想是否准确理解也说不准，如有不妥之处，请读者指正。我觉得他的产业集群理论是在资本主义市场经济下总结出来的，没有考察过社会主义市场经济下的产业集群是个遗憾，其实中国是有很多成功经验的。

我从2001年在中国纺织工业联合会开始接触纺织行业的产业集群试点工作，十几年来先后到过二百多个纺织产业集群地区进行调研，重点产业集群则去过多次，有很深的实地感受，也积累了一些资料，写这本书时还得到了中国纺联产业集群工作委员会、中国纺联流通分会、纺织之光科技教育基金会等提供的新资料和数据，同时，中国纺织出版社的责任编辑孔会云、特约编辑陈怡晓也提出许多非常好的修改建议，在此一并表示感谢！书中引用了网上查阅的一些资料，如有不当将由我本人负责。

陈树津

2020年5月